PRATICANDO
O PODER DO
AGORA

Eckhart Tolle

PRATICANDO
O PODER DO
AGORA

SEXTANTE

Título original: *Practicing the Power of Now – Essencial Teachings,*
Meditations, and Exercises from The Power of Now
Copyright © 2001 por Eckhart Tolle
Copyright da tradução © 2005 por GMT Editores Ltda.
Todos os direitos reservados.
Publicado em inglês em 2001 pela New World Library, Califórnia, EUA.

tradução: Iva Sofia Gonçalves Lima

preparo de originais: Virginie Leite

revisão: Luis Américo Costa e Sérgio Bellinello Soares

projeto gráfico e diagramação: Ana Paula Daudt Brandão

capa: Miriam Lerner

imagem de capa: Cameron Strathdee / Getty Images

impressão e acabamento: Associação Religiosa Imprensa da Fé

CIP-BRASIL. CATALOGAÇÃO NA PUBLICAÇÃO
SINDICATO NACIONAL DOS EDITORES DE LIVROS, RJ

T59p Tolle, Eckhart, 1948
       Praticando o poder do agora/Eckhart Tolle; tradução de Iva Sofia Gonçalves Lima; Rio de Janeiro: Sextante, 2016.
       144 p.; 14 x 21 cm.

       Tradução de: Practicing the Power of Now – Essencial Teachings, Meditations, and Exercises from The Power of Now
       ISBN 978-85-431-0402-7

       1. Meditação. 2. Autoconsciência. 3. Respiração. 4. Exercícios.
I. Lima, Iva Sofia Gonçalves. II. Título.

16-34413   CDD: 158.1
                                                                  CDU: 159.947

Todos os direitos reservados, no Brasil, por
GMT Editores Ltda.
Rua Voluntários da Pátria, 45 – Gr. 1.404 – Botafogo
22270-000 – Rio de Janeiro – RJ
Tel.: (21) 2538-4100 – Fax: (21) 2286-9244
E-mail: atendimento@sextante.com.br
www.sextante.com.br

A liberdade começa quando percebemos que não somos a entidade dominadora, o pensador. Saber disso permite observar a entidade. No momento em que começamos a observar o pensador, ativamos um nível mais alto de consciência.

Começamos a perceber, então, que existe uma vasta área de inteligência além do pensamento e que este é apenas um aspecto diminuto da inteligência. Percebemos também que todas as coisas realmente importantes, como a beleza, o amor, a criatividade, a alegria e a paz interior, surgem de um ponto além da mente.

É quando começamos a acordar.

SUMÁRIO

Introdução … 9

Parte I — ACESSANDO O PODER DO AGORA

Capítulo um: Ser e iluminação … 13
Capítulo dois: A origem do medo … 25
Capítulo três: Entrando no Agora … 31
Capítulo quatro: Dissolvendo a inconsciência … 45
Capítulo cinco: A beleza nasce da serenidade da sua presença … 55

Parte II — RELACIONAMENTOS COMO PRÁTICA ESPIRITUAL

Capítulo seis: Dissolvendo o sofrimento … 71
Capítulo sete: Transformando as relações viciadas em relações iluminadas … 83

Parte III — ACEITAÇÃO E ENTREGA

Capítulo oito: A aceitação do Agora … 99
Capítulo nove: Transformando a doença e o sofrimento … 123

Fontes de consulta recomendadas … 135

INTRODUÇÃO

O Poder do Agora se tornou um dos maiores livros espirituais escritos na atualidade. Ele contém uma força que vai além das palavras e pode nos conduzir a um lugar de grande serenidade, acima dos nossos pensamentos, um lugar em que os problemas criados por nossas mentes se dissolvem e onde descobrimos o que significa criar uma vida de liberdade.

Essa profunda transformação da consciência humana não é uma possibilidade distante no futuro, ela está disponível agora – não importa quem você seja ou onde quer que esteja. Este livro ensina como se libertar da escravidão da mente, entrar no estado iluminado de consciência e mantê-lo na vida cotidiana.

Praticando o Poder do Agora é uma seleção cuidadosa de trechos extraídos de *O Poder do Agora*. Ele serve como uma excelente introdução aos ensinamentos do autor, além de mostrar, de forma objetiva, práticas específicas e chaves que revelam como descobrir e alcançar "a graça, o bem-estar e a iluminação". Basta acalmar os pensamentos e olhar, no momento presente, o mundo diante de nós.

Leia este livro devagar, ou apenas abra-o ao acaso, reflita sobre suas palavras e – talvez com o tempo ou quem sabe imediatamente – descubra algo que leve a uma mudança em sua vida. Você vai encontrar força e habilidade para mudar e elevar não só a sua vida, mas também o mundo.

Essa força está aqui, agora, neste momento: a sagrada presença do seu Ser. Está aqui, agora, não em um futuro distante: um lugar em nosso interior que está e sempre estará além das turbulências da vida, um mundo de serenidade além das palavras, de alegria que não tem oponentes.

Está em suas mãos. Descubra o poder do Agora.

Parte I

ACESSANDO O PODER DO AGORA

*Quando a nossa consciência se volta para
o exterior, a mente e o mundo passam a existir.
Quando se dirige para o interior,
ela percebe a sua própria Fonte e regressa
ao Não Manifesto.*

capítulo um

SER E ILUMINAÇÃO

Existe uma Vida Única, eterna e sempre presente, além das inúmeras formas de vida sujeitas ao nascimento e à morte. Muitas pessoas empregam a palavra Deus para descrevê-la, mas eu costumo chamá-la de Ser. Tanto "Deus" quanto "Ser" são palavras que não explicam nada. "Ser", entretanto, tem a vantagem de sugerir um conceito aberto. Não reduz o invisível infinito a uma entidade finita. É impossível formar uma imagem mental a esse respeito. Ninguém pode reivindicar a posse exclusiva do Ser. É a sua essência, tão acessível como sentir a sua própria presença. Portanto, a distância é muito curta entre a palavra "Ser" e a vivência do Ser.

O SER NÃO ESTÁ apenas além, mas também dentro de todas as formas, como a mais profunda, invisível e indestrutível essência interior. Isso significa que ele está ao seu alcance agora, sob a forma de um eu interior mais profundo, que é a verdadeira natureza dentro de você. Mas não procure apreendê-lo com a mente. Não tente entendê-lo.

Só é possível conhecê-lo quando a mente está serena. Se estiver alerta, com toda a sua atenção voltada para o Agora, você até poderá sentir o Ser, mas jamais conseguirá compreendê-lo mentalmente.

Recuperar a consciência do Ser e submeter-se a esse estado de "percepção dos sentidos" é o que se chama iluminação.

A palavra *iluminação* transmite a ideia de uma conquista sobre-humana – e isso agrada ao ego –, mas é simplesmente o estado natural de sentir-se em unidade com o Ser. É um estado de conexão com algo imensurável e indestrutível. Pode parecer um paradoxo, mas esse "algo" é essencialmente você e, ao mesmo tempo, é muito maior do que você. A iluminação consiste em encontrar a verdadeira natureza por trás do nome e da forma.

A incapacidade de sentir essa conexão dá origem a uma ilusão de separação, tanto de você mesmo quanto do mundo ao redor. Quando você se percebe, consciente ou inconscientemente, como um fragmento isolado, o medo e os conflitos internos e externos tomam conta da sua vida.

O maior obstáculo para vivenciar essa realidade é a identificação com a mente, o que faz com que estejamos sempre pensando em alguma coisa. Ser incapaz de parar de pensar é uma aflição terrível, mas ninguém percebe porque quase todos nós sofremos disso e, então, consideramos uma coisa normal. O ruído mental incessante nos impede de encontrar a área de serenidade interior, que é inseparável do Ser. Isso faz com que a mente crie um falso eu interior que projeta uma sombra de medo e sofrimento sobre nós.

A identificação com a mente cria uma tela opaca de conceitos, rótulos, imagens, palavras, julgamentos e definições, que bloqueia todas as relações verdadeiras. Essa tela se situa entre você e o seu eu interior, entre você e o próximo, entre você e a natureza, entre você e Deus. É essa tela de pensamentos que cria uma ilusão de separação, uma ilusão de que existem você e um "outro" totalmente à parte. Esquecemos o fato essencial de que, debaixo do nível das aparências físicas, formamos uma unidade com tudo aquilo que é.

Se for usada corretamente, a mente é um instrumento magnífico. Entretanto, quando a usamos de forma errada, ela se torna destrutiva. Para ser ainda mais preciso, não é você que usa a sua mente de forma errada. Em geral, você simplesmente não usa a mente. É ela que usa você. Essa é a doença. Você acredita que é a sua mente. Eis aí o delírio. O instrumento se apossou de você.

É quase como se algo nos dominasse sem termos consciência disso e passássemos a viver como se fôssemos a entidade dominadora.

A LIBERDADE COMEÇA quando você percebe que não é a entidade dominadora, o pensador. Saber disso permite observar a entidade. No momento em que você começa a observar o pensador, ativa um nível mais alto de consciência.

Começa a perceber, então, que existe uma vasta área de inteligência além do pensamento e que este é apenas um aspecto diminuto da inteligência. Percebe também que todas as coisas realmente importantes, como a beleza, o amor, a criatividade, a alegria e a paz interior, surgem de um ponto além da mente.

Você começa a acordar.

LIBERTANDO-SE DA SUA MENTE

A boa notícia é que podemos nos libertar de nossas mentes. Essa é a única libertação verdadeira. Dê o primeiro passo neste exato momento.

COMECE A OUVIR a voz na sua cabeça, tanto quanto puder. Preste atenção principalmente a padrões repetitivos de pensamento, aquelas velhas trilhas sonoras que você escuta dentro da sua cabeça há anos.

É isso o que quero dizer com "observar o pensador". É um outro modo de dizer o seguinte: ouça a voz dentro da sua cabeça, esteja lá presente, como uma testemunha.

Seja imparcial ao ouvir a voz, não julgue nada. Não julgue ou condene o que você ouve, porque fazer isso significaria que a mesma voz acabou de voltar pela porta dos fundos. Você logo perceberá: lá está a voz e aqui estou eu, ouvindo-a e observando-a. Sentir a própria presença não é um pensamento, é algo que surge de um ponto além da mente.

Assim, ouvir um pensamento significa que você está consciente não só do pensamento, mas também de você mesmo, como uma testemunha daquele pensamento. Uma nova dimensão da consciência acabou de surgir.

QUANDO VOCÊ OUVE o pensamento, sente uma presença consciente, que é o seu interior mais profundo, por trás ou por baixo do pensamento. O pensamento, então, perde o poder que exerce sobre você e se afasta rapidamente, porque a mente não está mais recebendo a energia gerada pela sua identificação com ela. Esse é o começo do fim do pensamento involuntário e compulsivo.

Quando um pensamento se afasta, percebemos uma interrupção no fluxo mental, um espaço de "mente vazia". No início, esses espaços são curtos, talvez apenas alguns segundos, mas, aos poucos, se tornam mais longos. Quando esses espaços acontecem, sentimos uma certa serenidade e paz interior. Esse é o começo do estado natural de nos sentirmos em unidade com o Ser, que normalmente é encoberto pela mente.

Com a prática, a sensação de paz e serenidade vai se intensificar. Na verdade, essa intensidade não tem fim. Você também vai sentir brotar lá de dentro uma sutil emanação de alegria, que é a alegria do Ser.

Nesse estado de conexão interior, ficamos muito mais alertas e muito mais despertos do que no estado de identificação com a mente. Estamos presentes por inteiro. Isso também eleva a frequência vibracional do campo energético, que dá vida ao corpo físico.

Ao penetrarmos mais profundamente nessa área de mente vazia, como ela às vezes é chamada no Oriente, começamos a perceber o estado de pura consciência. Nesse estado, sentimos a nossa própria presença com tal intensidade e alegria que os pensamentos, as emoções, nosso corpo, o mundo exterior – tudo se torna insignificante comparado a ele. No entanto, não é um estado egoísta, e sim generoso. Ele nos transporta para um ponto além do que antes julgávamos ser o nosso "eu interior". Essa presença é essencialmente você e, ao mesmo tempo, muito maior do que você.

EM VEZ DE "observar o pensador", podemos também criar um espaço no fluxo da mente, direcionando o foco da nossa atenção para o Agora. Torne-se bastante consciente do momento.

Isso é profundamente gratificante de se fazer. Agindo assim, desviamos a consciência para longe da atividade da mente e criamos um espaço de mente vazia, em que ficamos extremamente alertas e conscientes, mas não sem pensar. Essa é a essência da meditação.

NA VIDA DIÁRIA é possível pôr isso em prática dando total atenção a qualquer atividade rotineira, normalmente considerada como apenas um meio para atingir um objetivo, de modo a transformá-la em um fim em si mesma. Por exemplo, todas as vezes que você subir ou descer as escadas em casa ou no trabalho, preste muita atenção a cada passo, a cada movimento, até mesmo a sua respiração. Esteja totalmente presente.

Ou, quando lavar as mãos, preste atenção a todas as sensações provocadas por essa atividade, como o som e o contato da água, o movimento das suas mãos, o cheiro do sabonete, e assim por diante. Ou então, quando entrar em seu carro, pare por alguns segundos depois que fechar a porta e observe o fluxo da sua respiração. Tome consciência de um silencioso, mas poderoso, sentido de presença.

Para medir, sem errar, o seu sucesso nessa prática, verifique o grau de paz dentro de você.

O passo mais importante na caminhada em direção à iluminação é aprendermos a nos dissociar de nossas mentes. Todas as vezes que criamos um espaço no fluxo do pensamento, a luz da nossa consciência fica mais forte.

Um dia você pode se surpreender sorrindo para a voz dentro da cabeça, como sorriria para as travessuras de uma criança. Isso significa que você não está mais levando tão a sério o que vai pela mente, pois o seu eu interior não depende dela.

༄

ILUMINAÇÃO: ELEVANDO-SE ACIMA DO PENSAMENTO

No processo de crescimento, construímos uma imagem mental de nós mesmos, baseada em nosso condicionamento pessoal e cultural. Podemos chamar isso de "o fantasma pessoal do ego". Consiste em uma atividade mental e só pode ser mantido através do pensar constante. A palavra "ego" tem sentidos diferentes para pessoas diferentes, mas aqui significa um falso eu interior, criado por uma identificação inconsciente com a mente.

Para o ego, o momento presente dificilmente existe. Só o passado e o futuro são considerados importantes. Essa total inversão da verdade explica por que, para o ego, a mente não tem função. O ego está sempre preocupado em manter o passado vivo, porque pensa que sem ele não seríamos ninguém. E se projeta no futuro para assegurar a continuação da sua sobrevivência e buscar algum tipo de escape ou satisfação lá adiante. Ele diz assim: "Um dia, quando isso ou aquilo acontecer, vou ficar bem, feliz, em paz."

Mesmo quando o ego parece estar preocupado com o presente, não é o presente que ele vê, porque constrói uma imagem completamente distorcida, a partir do passado. Ou então reduz o presente a um meio para obter o fim desejado, um fim que sempre consiste em um futuro projetado pela mente. Observe sua mente e verá que é assim que ela funciona.

O momento presente tem a chave para a libertação. Mas você não conseguirá percebê-lo enquanto você for a sua mente.

A iluminação significa chegar a um nível acima do pensamento. No estado iluminado, continuamos a usar nossas mentes quando necessário, mas de um modo mais focalizado e eficiente. Assim, utilizando nossas mentes com objetivos práticos, não ouvimos mais o diálogo interno involuntário e sentimos uma serenidade interior.

Quando usamos de fato nossas mentes e, em especial, quando necessitamos de uma solução criativa, há uma oscilação, de segundos, entre o pensamento e a serenidade, entre a mente e a mente vazia. O estado de mente vazia é a consciência sem o pensamento. Só assim é possível pensar criativamente, porque somente desse modo o pensamento tem alguma força real. O pensamento sozinho, quando não mais conectado com a área da consciência, que é muito mais ampla, rapidamente se torna árido, doentio e destrutivo.

EMOÇÃO: A REAÇÃO DO CORPO À MENTE

A mente, no sentido em que emprego o termo, não é apenas pensamento. Ela inclui nossas emoções, assim como todos os padrões de reações mentais e emocionais inconscientes. A emoção nasce no lugar onde a mente e o corpo se encontram. É a reação do corpo à nossa mente ou, podemos dizer, um reflexo da mente no corpo.

Quanto mais identificados estivermos com nosso pensamento, com as coisas que nos agradam ou não, com nossos julgamentos e interpretações, ou seja, quanto menos presentes estivermos como consciência observadora, mais forte será a carga de energia emocional, tenhamos ou não consciência disso. Se você não consegue sentir as suas emoções, se as mantém a distância, terminará por senti-las em um nível puramente físico, como um sintoma ou um problema físico.

SE VOCÊ TEM DIFICULDADE de sentir suas emoções, comece concentrando a atenção na área de energia interior do seu corpo. Sinta o seu corpo lá no fundo. Essa prática colocará você em contato com as suas emoções.

Se quisermos conhecer mesmo a nossa mente, o corpo sempre nos dará um reflexo confiável. Portanto, observe a sua emoção, ou melhor, sinta-a em seu corpo. Se houver um aparente conflito entre os dois, a verdade estará na emoção e não no pensamento. Não a verdade definitiva sobre quem você é, mas a verdade relativa ao estado da sua mente naquele momento.

Mesmo que você ainda não seja capaz de trazer a sua atividade mental inconsciente para um estado de consciência sob a forma de pensamento, ela estará sempre refletida no seu corpo como uma emoção, e isso você pode passar a perceber.

Observar uma emoção assim é o mesmo que ouvir ou observar um pensamento. A diferença é que o pensamento está na sua cabeça, enquanto a emoção, por conter um forte componente físico, se manifesta em primeiro lugar no corpo.

Você pode permitir que a emoção esteja ali, sem deixar que ela assuma o controle. Você não é mais a emoção. Você é o observador, a presença que observa.

Ao praticar isso, tudo o que está inconsciente será trazido à luz da sua consciência.

HABITUE-SE A PERGUNTAR o que está acontecendo com você neste exato momento. Essa questão lhe indicará a direção certa. Mas não analise, apenas observe. Concentre sua atenção dentro de você. Sinta a energia da emoção.

Se não há emoção presente, concentre sua atenção mais fundo no campo da energia interna do seu corpo. Essa é a porta de entrada para o Ser.

capítulo dois

A ORIGEM DO MEDO

A doença psicológica do medo não está presa a qualquer perigo imediato concreto e verdadeiro. Manifesta-se de várias formas, tais como agitação, preocupação, ansiedade, nervosismo, tensão, pavor, fobia, etc. Esse tipo de medo psicológico é sempre de alguma coisa que poderá acontecer, não de alguma coisa que está acontecendo neste momento. Você está aqui e agora, ao passo que a sua mente está no futuro. Essa situação cria um espaço de angústia. E, caso estejamos identificados com as nossas mentes e tenhamos perdido o contato com o poder e a simplicidade do Agora, essa angústia será nossa companhia constante. Podemos sempre lidar com uma situação no momento em que ela se apresenta, mas não podemos lidar com algo que é apenas uma projeção mental. Não podemos lidar com o futuro.

Além do mais, enquanto estivermos identificados com a mente, o ego regerá as nossas vidas. Por conta da sua natureza ilusória e apesar dos elaborados mecanismos de defesa, o ego é muito vulnerável e inseguro e vê a si mesmo sob constante ameaça. Esse é o caso aqui, mesmo que o ego seja muito confiante, em sua forma externa. Agora, lembre-se de que uma emoção é a reação do corpo à mente. Que mensagem o corpo está recebendo permanentemente do ego, o falso eu interior construído pela mente? Perigo, estou sob ameaça. E qual é a emoção gerada por essa mensagem permanente? Medo, é claro.

O medo parece ter várias causas. Tememos perder, falhar, nos machucar, mas em última análise todos os medos se resumem a um só: o medo que o ego tem da morte e da destruição. Para o ego, a morte está bem ali na esquina. No estado de identificação com a mente, o medo da morte afeta cada aspecto da nossa vida.

Por exemplo, mesmo uma coisa aparentemente trivial ou "normal", como a necessidade compulsiva de estar certo em um argumento e demonstrar à outra pessoa que ela está errada, acontece por causa do medo da morte. Se estivermos identificados com uma atitude mental e descobrirmos que estamos errados, nosso sentido de eu interior baseado na mente correrá um sério risco de destruição. Portanto, assim como o ego, você não pode errar. Errar é morrer. Muitas guerras foram disputadas por causa disso, e inúmeros relacionamentos foram destruídos.

Uma vez que não estejamos mais identificados com a mente, não faz a menor diferença para o nosso eu interior estarmos certos ou errados. Assim, a necessidade compulsiva e profundamente inconsciente de termos sempre razão – o que é uma forma de violência – vai desaparecer. Você poderá declarar de modo calmo e firme como se sente ou o que pensa a respeito de algum assunto, mas sem agressividade ou qualquer sentido de defesa. O sentido do eu interior passa a se originar de um lugar profundo e verdadeiro dentro de você, não mais de sua mente.

TENHA CUIDADO COM qualquer tipo de defesa dentro de você. Está se defendendo de quê? De uma identidade ilusória, de uma imagem em sua mente, de uma entidade fictícia. Ao trazer esse padrão à consciência, ao testemunhá-lo, você deixa de se identificar com ele. À luz da sua consciência, o padrão de inconsciência irá se dissolver rapidamente.

Esse é o fim de todos os argumentos e jogos de poder, tão prejudiciais aos relacionamentos. O poder sobre os outros é a fraqueza disfarçada de força. O verdadeiro poder é interior e está à sua disposição agora.

A mente procura sempre negar e escapar do Agora. Em outras palavras, quanto mais nos identificamos com as nossas mentes, mais sofremos. Ou ainda, quanto mais respeitamos e aceitamos o Agora, mais nos libertamos da dor, do sofrimento e da mente.

Se não quer gerar mais sofrimento para você e para os outros, se não quer acrescentar mais nada ao resíduo do sofrimento do passado que ainda vive em você, não crie mais tempo, ou, pelo menos, não mais do que o necessário para lidar com os aspectos práticos da sua vida. Como deixar de criar tempo?

TENDO UMA PROFUNDA consciência de que o momento presente é tudo o que você tem. Faça do Agora o foco principal da sua vida.

Se antes você se fixava no tempo e fazia rápidas visitas ao Agora, inverta essa lógica, fixando-se no Agora e fazendo visitas rápidas ao passado e ao futuro quando precisar lidar com os aspectos práticos da sua vida.

Diga sempre "sim" ao momento atual.

O FIM DA ILUSÃO DO TEMPO

A chave do segredo está em acabar com a ilusão do tempo. O tempo e a mente são inseparáveis. Tire o tempo da mente e ele para, a menos que você escolha utilizá-lo.

Estar identificado com a mente é estar preso ao tempo. É a compulsão para vivermos quase exclusivamente através da memória ou da antecipação. Isso cria uma preocupação infinita com o passado e o futuro, e uma relutância em respeitar o momento presente e permitir que ele aconteça. Temos essa compulsão porque o passado nos dá uma identidade e o futuro contém uma promessa de salvação e de realização. Ambos são ilusões.

Quanto mais nos concentramos no tempo, no passado e no futuro, mais perdemos o Agora, a coisa mais importante que existe.

Por que o Agora é a coisa mais importante que existe? Primeiramente, porque é a única coisa. É tudo o que existe. O eterno presente é o espaço dentro do qual se desenvolve toda a nossa vida, o único fator que permanece constante. A vida é agora. Nunca houve uma época em que a nossa vida não fosse agora, nem haverá.

Em segundo lugar, o Agora é o único ponto que pode nos conduzir para além das fronteiras limitadas da mente. É o nosso único ponto de acesso para a área atemporal e amorfa do Ser.

Você alguma vez vivenciou, realizou, pensou ou sentiu alguma coisa fora do Agora? Acha que conseguirá algum dia? É possível alguma coisa acontecer ou ser fora do Agora? A resposta é óbvia, não é mesmo?

Nada jamais aconteceu no passado, aconteceu no Agora. Nada jamais irá acontecer no futuro, acontecerá no Agora.

A essência dessas afirmações não pode ser compreendida pela mente. No momento em que captamos a essência, ocorre uma mudança na consciência, que passa a desviar o foco da mente para o Ser, do tempo para a presença. De repente, tudo parece vivo, irradia energia, emana do Ser.

capítulo três

ENTRANDO NO AGORA

Suprimir a dimensão do tempo faz surgir um tipo diferente de conhecimento, que não "mata" o espírito que mora dentro de cada criatura e de cada coisa. Um conhecimento que não destrói o aspecto sagrado nem o mistério da vida e que contém um amor e uma reverência profundos por tudo o que é. Um conhecimento sobre o qual a mente nada sabe.

ROMPA COM O VELHO PADRÃO de negação e resistência ao momento presente. Torne uma prática desviar a atenção do passado e do futuro, afaste-se da dimensão do tempo na vida diária, tanto quanto possível.
Se você achar difícil entrar diretamente no Agora, comece observando como a sua mente tende a fugir do Agora. Vai notar que geralmente imaginamos o futuro como algo melhor ou pior do que o presente. Imaginar um futuro melhor nos traz esperança e uma antecipação do prazer. Imaginá-lo pior nos traz ansiedade. Ambos os casos são ilusões.
Ao observarmos a nós mesmos, um maior grau de presença surge automaticamente em nossas vidas. No momento em que percebemos que não estamos

presentes, estamos presentes. Sempre que formos capazes de observar nossas mentes, deixaremos de estar aprisionados. Um outro fator surgiu, algo que não pertence à mente: a presença observadora.

Esteja presente como alguém que observa a mente e examine seus pensamentos, suas emoções, assim como suas reações em diferentes circunstâncias. Concentre seu interesse não só nas reações, mas também na situação ou na pessoa que leva você a reagir.

Perceba também com que frequência a sua atenção está no passado ou no futuro. Não julgue nem analise o que você observa. Preste atenção ao pensamento, sinta a emoção, observe a reação. Não veja nada como um problema pessoal. Sentirá então algo muito mais poderoso do que todas aquelas outras coisas que você observa, uma presença serena e observadora por trás do conteúdo da sua mente: o observador silencioso.

Uma presença intensa se faz necessária quando certas situações provocam uma reação de grande carga emocional, como, por exemplo, no momento em que acontece uma ameaça à nossa autoimagem, um desafio na vida que nos causa medo, quando as coisas "vão mal" ou quando um complexo emocional do passado vem à tona. Nessas situações, tendemos a nos tornar "inconscientes". A reação ou a emoção nos domina, "passamos a ser" ela. Passamos a agir como ela. Arranjamos uma justificativa, erramos, agredimos, defendemos... Só que não somos nós, e sim uma reação padronizada, a mente em seu modo habitual de sobrevivência.

Identificar-se com a mente dá a ela mais energia, enquanto observar a mente retira a sua energia. Identificar-se com a mente gera mais tempo, enquanto observar a mente revela a dimensão do infinito. A energia retirada da mente se transforma em presença. No momento em que conseguimos sentir o que significa estar presente, fica muito mais fácil escolher simplesmente escapar da dimensão do tempo, sempre que o tempo não se fizer necessário para fins práticos, e entrar mais profundamente no Agora.

Isso não prejudica nossa capacidade de usar o tempo – passado ou futuro – quando precisamos nos referir a ele em termos práticos. Nem prejudica nossa capacidade de usar a mente. Na verdade, estar presente aumenta nossa capacidade. Quando você usar a mente de verdade, ela estará mais alerta, mais focalizada.

O principal foco de atenção das pessoas iluminadas é sempre o Agora, embora elas tenham uma noção relativa do tempo. Em outras palavras, continuam a usar o tempo do relógio, mas estão livres do tempo psicológico.

ABANDONANDO O TEMPO PSICOLÓGICO

Aprenda a usar o tempo nos aspectos práticos da sua vida – podemos chamar de "tempo do relógio" –, mas retorne imediatamente para perceber o momento presente, tão logo esses assuntos práticos tenham sido resolvidos. Assim, não haverá acúmulo do "tempo psicológico", que é a identificação com o passado e uma projeção compulsiva e contínua no futuro.

Se estabelecemos um objetivo e trabalhamos para alcançá-lo, estamos empregando o tempo do relógio. Sabemos bem aonde queremos chegar, mas respeitamos e damos atenção total ao passo que estamos dando neste momento. Se insistimos demais nesse objetivo, talvez porque estejamos em busca de felicidade, satisfação ou de um sentido mais completo do eu interior, deixamos de respeitar o Agora. E ele é reduzido a um mero degrau para o futuro, sem nenhum valor intrínseco. O tempo do relógio se transforma então em tempo psicológico. Nossa jornada deixa de ser uma aventura e passa a ser encarada como uma necessidade obsessiva de chegar, de possuir, de "conseguir". Aí não somos mais capazes de ver nem de sentir as flores pelo caminho, nem de perceber a beleza e o milagre da vida que se revela em tudo ao redor, como acontece quando estamos presentes no Agora.

Você está sempre tentando chegar a algum outro lugar além daquele onde você está? A maior parte do que você faz é apenas um meio para alcançar um determinado fim? A satisfação está sempre em outro lugar ou restrita a breves prazeres como sexo, comida, bebida e drogas, ou relacionada a uma emoção ou excitação? Você está sempre pensando em vir a ser, adquirir, alcançar, ou, em vez disso, está à caça de novas emoções e prazeres? Você acha que, quanto mais bens adquirir, uma pessoa se sentirá melhor ou psicologicamente completa? Está à espera de um homem ou de uma mulher que dê um sentido à sua vida?

No estado normal de consciência, o poder e o infinito potencial criativo do Agora estão completamente encobertos pelo tempo psicológico. Nossa vida perde a vibração, o frescor, o sentido de encantamento. Os velhos padrões de pensamento, emoção, comportamento, reação e desejo são encenados repetidas vezes, como um roteiro dentro da nossa mente que nos dá uma identidade, mas distorce ou encobre a realidade do Agora. A mente, então, desenvolve uma obsessão pelo futuro, buscando fugir de um presente insatisfatório.

O que percebemos como futuro é uma parte intrínseca do nosso estado de consciência do momento. Se a nossa mente carrega um grande fardo do passado, vamos sentir isso. O passado se perpetua pela falta de presença. O que dá forma ao futuro é a qualidade da nossa percepção do momento presente, e o futuro, é claro, só pode ser vivenciado como presente.

Se é a qualidade da nossa percepção neste momento que determina o futuro, então o que é que determina a qualidade da nossa consciência? O nosso grau de presença. Portanto, o único lugar onde pode ocorrer uma mudança verdadeira e onde o passado pode se dissolver é no Agora.

Talvez seja difícil reconhecer que o tempo é a causa do nosso sofrimento ou de nossos problemas. Acreditamos que eles são causados por situações específicas em nossas vidas, e, de um ponto de vista convencional, isso é uma verdade. Mas, enquanto não lidarmos com a disfunção básica da mente – o apego ao passado e ao futuro e a negação do presente –, os problemas apenas mudarão de figura.

Se todos os nossos problemas, ou causas identificadas de sofrimento ou infelicidade, fossem milagrosamente solucionados no dia de hoje, sem que nos tornássemos mais presentes e mais conscientes, logo nos veríamos com um outro conjunto de problemas ou causas de sofrimento semelhantes, como uma sombra que nos seguisse aonde quer que fôssemos. Em última análise, o único problema é a própria mente limitada pelo tempo.

Não há salvação dentro do tempo. Você não pode se libertar no futuro.

A PRESENÇA É A CHAVE para a liberdade. Portanto, você só pode ser livre agora.

DESCOBRINDO A VIDA
POR BAIXO DA SITUAÇÃO DE VIDA

Aquilo a que nos referimos como "vida" deveria ser chamado, mais precisamente, de "situação de vida". É o tempo psicológico, passado e futuro. Certas coisas do passado não seguiram o caminho que queríamos. Ainda resistimos ao que aconteceu no passado e agora estamos resistindo ao que é. A esperança nos leva a prosseguir, mas a esperança nos mantém focalizados no futuro, e esse foco contínuo perpetua a negação do Agora e, portanto, a nossa infelicidade.

ESQUEÇA A SITUAÇÃO da sua vida por um instante e preste atenção à sua vida.
    A nossa situação de vida existe no tempo.
    Nossa vida é agora.
    Nossa situação de vida é coisa da mente.
    Nossa vida é real.
    Encontre o "portão estreito que conduz à vida". Ele é chamado de Agora. Restrinja a sua vida a este exato momento. Sua situação de vida pode estar cheia de problemas – a maioria das situações de vida está –, mas verifique se você tem algum problema neste exato momento. Não amanhã ou dentro de dez minutos, mas já. Você tem um problema agora?

Quando estamos cheios de problemas, não há espaço para nada novo entrar, nenhum espaço para uma solução. Portanto, sempre que você puder, crie algum espaço de modo a encontrar a vida sob a sua situação de vida.

UTILIZE OS SEUS SENTIDOS plenamente. Esteja onde você está. Olhe em volta. Apenas olhe, não interprete. Veja as luzes, as formas, as cores, as texturas. Esteja consciente da presença silenciosa de cada objeto. Esteja consciente do espaço que permite a cada coisa existir.

Ouça os sons, não os julgue. Ouça o silêncio por trás dos sons.

Toque alguma coisa, qualquer coisa. Sinta e reconheça o Ser dentro dela.

Observe o ritmo da sua respiração. Sinta o ar fluindo para dentro e para fora. Sinta a energia vital dentro do seu corpo. Permita que as coisas aconteçam, no interior e no exterior. Deixe que todas as coisas "sejam". Mova-se profundamente para dentro do Agora.

Você está deixando para trás o agonizante mundo da abstração mental e do tempo. Está se libertando da mente doentia que suga a sua energia vital, do mesmo modo que, lentamente, ela está envenenando e destruindo a Terra. Você está acordando do sonho do tempo e entrando no presente.

TODOS OS PROBLEMAS SÃO ILUSÕES DA MENTE

FOCALIZE SUA ATENÇÃO no Agora e verifique quais são os seus problemas neste exato momento.

Não estou obtendo uma resposta porque é impossível termos problemas quando toda a nossa atenção está inteira no Agora. Pode ser que haja uma ou outra situação que você precise resolver ou aceitar. Por que transformar isso em problema?

A mente, inconscientemente, adora problemas porque eles podem ser de vários tipos. Isso é normal e doentio. A palavra "problema" significa que estamos lidando mentalmente com uma situação sem que exista um propósito real ou uma possibilidade de agir no momento, e também que estamos inconscientemente fazendo dela uma parte do nosso sentido de eu interior. Ficamos tão sobrecarregados pela nossa situação de vida que perdemos o sentido da vida, ou do Ser. Ou então vamos carregando na mente o peso insano de uma centena de coisas que iremos ou poderemos ter de fazer no futuro, em vez de focalizarmos a atenção sobre uma coisa que podemos fazer agora.

QUANDO CRIAMOS UM problema, criamos sofrimento. Por isso, é preciso tomar uma decisão simples: não importa o que aconteça, não vou criar mais sofrimento nem problemas para mim.

É uma escolha simples, mas radical. Ninguém faz uma escolha dessas a menos que esteja verdadeiramente sufocado pelo sofrimento. E não se consegue levar esse tipo de decisão adiante a não ser acessando o poder do Agora. Se não criar mais sofrimento para si mesmo, você não criará também para os outros. Deixará, assim, de contaminar nosso lindo planeta, seu próprio espaço interior e a psique humana coletiva com a negatividade da criação de problemas.

Caso apareça uma situação com a qual você precise lidar agora, a sua ação vai ser clara e objetiva, se conseguir perceber o momento presente. Tem muito mais chances de dar certo. Não será uma reação vinda do condicionamento da sua mente no passado, mas uma resposta intuitiva à situação. Em situações em que a mente condicionada pelo tempo teria reagido, você vai achar mais eficaz não fazer nada. Fique só centrado no Agora.

A ALEGRIA DE SER

Para demonstrar como você se deixou dominar pelo tempo psicológico, experimente usar um critério simples.

> **PERGUNTE A SI MESMO:** existem alegria, naturalidade e leveza no que estou fazendo? Se não existirem, é porque o tempo está encobrindo o momento presente e você está percebendo a vida como um encargo ou uma luta.

A ausência de alegria, naturalidade ou leveza no que estamos fazendo não significa, necessariamente, que precisemos mudar o que estamos fazendo. Talvez baste mudarmos o como. "Como" é sempre mais importante do que "o quê". Verifique se você pode dar muito mais atenção ao fazer do que ao resultado desejado através do fazer. Dê a sua inteira atenção ao que quer que o momento apresente. Isso implica que você aceitou totalmente o que é, porque não se pode dar atenção completa a alguma coisa e, ao mesmo tempo, resistir a ela.

Ao respeitarmos o momento presente, toda a luta e a infelicidade se dissolvem e a vida começa a fluir com alegria e naturalidade. Ao agirmos com a consciência do momento presente, tudo o que fizermos virá com um sentido de qualidade, cuidado e amor, mesmo a mais simples ação.

NÃO SE PREOCUPE com o resultado da sua ação, basta dar atenção à ação em si. O resultado surgirá espontaneamente. Essa é uma valiosa prática espiritual.

Ao fim dessa luta compulsiva contra o Agora, a alegria do Ser passa a fluir em tudo o que fazemos. No momento em que a nossa atenção se volta para o Agora, percebemos uma presença, uma serenidade, uma paz. Não dependemos mais do futuro para obter plenitude e satisfação – não o olhamos mais como salvação. Consequentemente, não estamos mais presos aos resultados. Nem o fracasso nem o sucesso têm o poder de alterar o estado interior do Ser. Você acabou de encontrar a vida sob a situação de vida.

Na ausência do tempo psicológico, o nosso sentido do eu interior provém do Ser, não do nosso passado pessoal. Assim, desaparece a necessidade psicológica de nos tornarmos uma outra pessoa diferente de quem já somos. No mundo, levando em conta a situação de vida, podemos nos tornar ricos, conhecidos, bem-sucedidos, livres disso ou daquilo, mas, na dimensão mais profunda do Ser, estamos completos e inteiros *agora*.

O ESTADO ATEMPORAL DE CONSCIÊNCIA

Quando cada célula do nosso corpo está tão presente que vibra com a vida, e quando conseguimos sentir essa vida a cada momento como a alegria do Ser, podemos dizer que estamos livres do tempo. Livrar-se do tempo é livrar-se da necessidade psicológica tanto do passado quanto do futuro. Isso representa a mais profunda transformação de consciência que você possa imaginar.

DEPOIS DOS PRIMEIROS vislumbres do estado atemporal de consciência, passamos a viver em um vaivém entre a dimensão do tempo e a presença. Primeiro, você começa a perceber que a sua atenção raramente está no Agora. Entretanto, saber que você não está presente já é um grande sucesso. O simples saber já é presença – mesmo que, no início, dure só alguns segundos no tempo do relógio antes de desaparecer outra vez.

Depois, com uma frequência cada vez maior, você escolhe dirigir o foco da consciência para o momento presente, e não para o passado ou o futuro. Todas as vezes que você percebe que perdeu o Agora, percebe ser capaz de permanecer nele não apenas por alguns segundos, mas por períodos mais longos, se vistos da perspectiva externa do tempo do relógio.

Portanto, antes que sejamos capazes de nos estabelecer com firmeza no estado de presença, oscilamos, periodicamente, de um lado para o outro, entre a consciência e a inconsciência, entre o estado de presença e o estado de identificação com a mente. Perdemos o Agora várias vezes, mas retornamos a ele. Por fim, a presença se torna o estado predominante.

capítulo quatro

DISSOLVENDO A INCONSCIÊNCIA

É fundamental colocar mais consciência em sua vida durante as situações comuns, quando tudo está correndo de modo relativamente tranquilo. É assim que se aumenta o poder de presença. Ele gera um campo energético de alta frequência vibracional em você e ao seu redor. Nenhuma inconsciência, nenhuma negatividade, nenhuma discórdia ou violência podem penetrar nesse campo e sobreviver, do mesmo modo que a escuridão não consegue sobreviver na presença da luz.

Quando você aprender a ser uma testemunha de seus pensamentos e emoções, o que é uma parte essencial do estado de presença, talvez se surpreenda ao perceber pela primeira vez o ruído "estático" da inconsciência comum e ao verificar como é raro você se sentir à vontade consigo mesmo.

No nível do pensamento, você encontrará uma significativa porção de resistência na forma de julgamentos, descontentamentos e projeções mentais distanciados do Agora. No nível emocional haverá uma tendência para o desconforto, a tensão, o enfado ou o nervosismo. Ambas são aspectos da mente em seu modo de resistência habitual.

OBSERVE AS MUITAS maneiras pelas quais o desconforto, o descontentamento e a tensão surgem dentro de você, através de julgamentos desnecessários, resistência àquilo que é e negação do Agora.

Qualquer coisa inconsciente se dissolve quando a luz da consciência brilha sobre ela.

Se soubermos como dissolver a inconsciência comum, a luz da nossa presença irá brilhar intensamente e será muito mais fácil lidarmos com a inconsciência profunda. Mas, no início, talvez não seja muito fácil detectar a inconsciência comum porque a consideramos uma coisa normal.

HABITUE-SE A MONITORAR o seu estado mental e emocional através da auto-observação.

"Estou me sentindo à vontade neste momento?" é uma pergunta que você deve se fazer com frequência.

Ou pode se questionar: "O que está acontecendo dentro de mim neste exato momento?"

Mantenha o mesmo nível de interesse pelo que vai tanto no seu interior quanto no exterior. Se você captar corretamente o interior, o exterior se encaixará no lugar. A realidade principal está no interior, a realidade externa é secundária.

MAS NÃO RESPONDA logo a essas questões. Direcione a sua atenção para o interior. Olhe para dentro de você.

Que tipo de pensamentos a sua mente está produzindo?

O que você sente?

Dirija a atenção para o seu corpo. Existe alguma tensão?

Quando você perceber um certo desconforto, um ruído estático ao fundo, verifique que caminhos você está usando para evitar, resistir ou negar a vida, o Agora.

Existem muitos caminhos pelos quais resistimos, inconscientemente, ao momento presente. Com a prática, o seu poder de auto-observação, de monitorar o seu estado interior, se tornará mais aguçado.

ONDE QUER QUE VOCÊ ESTEJA, ESTEJA POR INTEIRO

Você está sofrendo de estresse? Pensa tanto no futuro que o presente está reduzido a um meio de chegar lá? O estresse é causado pelo estar "aqui" embora se deseje estar "lá", ou por se estar no presente desejando estar no futuro. É uma divisão que corta a pessoa por dentro.

O passado toma uma grande parte da sua atenção? Você frequentemente fala e pensa sobre ele, tanto de forma positiva quanto negativa? As grandes coisas que você conquistou, suas experiências e aventuras, ou as coisas horrorosas que lhe aconteceram ou, talvez, que você fez a alguém?

Será que seus processos de pensamento estão gerando culpa, orgulho, ressentimento, raiva, arrependimento ou autopiedade? Então você está não só dando mais força ao falso eu interior como também ajudando a acelerar o processo de envelhecimento do seu corpo através da criação de um acúmulo de passado na sua psique. Constate isso observando à sua volta aquelas pessoas que têm uma forte tendência para se apegar ao passado.

MORRA PARA O PASSADO a cada instante. Você não precisa dele. Refira-se a ele apenas quando totalmente relevante para o presente. Sinta o poder do momento presente e a plenitude do Ser. Sinta a sua presença.

Você tem preocupações? Tem muitos pensamentos do tipo "e se"? Você está identificado com a mente, que está se projetando num futuro imaginário e criando o medo. Não há como enfrentar tal tipo de situação, porque ela não existe. É um fantasma mental.

Você pode parar com essa insanidade que corrói a saúde e a vida aceitando simplesmente o momento presente.

PERCEBA A SUA RESPIRAÇÃO. Sinta o ar entrando e saindo do seu corpo. Sinta o seu campo interno de energia. Tudo com que você sempre teve que lidar, tudo que teve de enfrentar na vida real, em oposição às projeções imaginárias da mente, é o momento presente.

Pergunte-se qual é o seu "problema" neste exato momento, não no ano que vem, ou amanhã ou daqui a cinco minutos. O que está errado neste exato momento?

Você pode sempre enfrentar o Agora, mas não pode jamais enfrentar o futuro, nem tem de fazer isso. A resposta, a força, a atitude certa estarão à sua disposição quando você precisar, nem antes nem depois.

Você está sempre "esperando" alguma coisa? Quanto tempo da sua vida você passou esperando? Chamo "espera de pequena escala" a espera na fila do correio, num engarrafamento de trânsito, no aeroporto, por alguém que vai chegar, um trabalho que precisa ser terminado, etc. Chamo de "espera em grande escala" a espera pelas próximas férias, por um emprego melhor, pelos filhos crescerem, por uma relação verdadeiramente significativa, pelo sucesso, para ficar rico, para ser importante, para se tornar iluminado. Não é raro que as pessoas passem a vida toda esperando para começar a viver.

Esperar é um estado mental. Significa basicamente desejar o futuro e não querer o presente. Você não quer o que conseguiu e deseja aquilo que não conseguiu. Em qualquer dos tipos de espera, você, inconscientemente, cria um conflito interior entre o seu aqui e agora, onde você não quer estar, e o futuro projetado, onde você quer estar. Essa situação reduz grandemente a qualidade da sua vida ao fazer você perder o presente.

Por exemplo: muitos de nós estamos à espera da prosperidade. Ela pode não acontecer no futuro. Quando respeitamos, admitimos e aceitamos completamente a realidade do presente – onde estamos, quem somos, o que estamos fazendo agora –, quando aceitamos o que temos, significa que estamos agradecidos pelo que conseguimos, pelo que *é*, pelo Ser. A gratidão pelo momento presente e pela plenitude da vida atual é a verdadeira prosperidade. Não está no futuro. Então, no tempo certo, essa prosperidade se manifesta para nós de várias maneiras.

Se você não encontra satisfação nas coisas que possui, se tem um sentimento de frustração ou de aborrecimento por não ter tudo o que quer no presente, isso pode levá-lo a querer enriquecer, mas, mesmo que consiga milhões, continuará a ter uma sensação de que falta alguma coisa. Talvez o dinheiro lhe compre muitas experiências excitantes, embora passageiras, deixando sempre uma sensação de vazio e estimulando uma necessidade de gratificação física ou psicológica ainda maior. Você não vai se conformar em simplesmente *ser* e, assim, sentir a plenitude da vida agora – a verdadeira prosperidade.

DESISTA DA ESPERA como um estado da mente. Quando você se vir escorregando para a espera... pule fora. Venha para o momento presente. Apenas seja e aprecie ser. Quando estamos presentes, nunca precisamos esperar por nada.

Dissolvendo a inconsciência

Portanto, da próxima vez que alguém disser "desculpe ter feito você esperar", sua resposta pode ser: "Está tudo bem, não estava esperando. Estava aqui contente comigo – com meu eu interior."

Essas são apenas algumas das estratégias comuns da mente para negar o momento presente, já incorporadas à inconsciência comum. São fáceis de passar despercebidas porque já estão entranhadas em nosso modo de vida, como o ruído de fundo do nosso eterno descontentamento. Mas quanto mais você praticar o monitoramento do seu estado interior emocional e mental, mais fácil será perceber em que momento você foi capturado pelo passado e pelo futuro, o que significa dizer pela inconsciência, bem como despertar da ilusão do tempo dentro do presente.

Mas tenha cuidado: o eu interior falso e infeliz, baseado na identificação com a mente, vive no tempo. Ele sabe que o presente significa a sua própria morte e sente-se ameaçado. Fará tudo para afastar você do Agora. Tentará manter você preso ao tempo.

Num certo sentido, o estado de presença poderia ser comparado à espera. É um tipo diferente de espera, que requer uma prontidão total. Alguma coisa pode acontecer a qualquer momento, e, se não estivermos absolutamente acordados e calmos, vamos perdê-la. Nesse estado, toda a nossa atenção está no Agora. Não há nenhum espaço para fantasias, pensamentos, lembranças, antecipações. Não há tensão nem medo, apenas uma presença alerta. Estamos presentes com todo o nosso Ser, com cada célula do corpo.

Nesse estado, o "você" que tem um passado e um futuro, em outras palavras, a personalidade, dificilmente está ali. E, mesmo assim, não se perdeu nada de valor. Você ainda é essencialmente você. Na verdade, você é muito mais inteiramente você do que jamais terá sido, ou melhor, somente agora você é verdadeiramente você.

O PASSADO NÃO CONSEGUE SOBREVIVER DIANTE DA PRESENÇA

Uma eventual curiosidade quanto ao passado inconsciente poderá ser satisfeita através dos desafios do presente. Quanto mais penetramos no passado, mais ele se torna um buraco sem fundo. Haverá sempre alguma coisa a mais. Você pode pensar que precisa de mais tempo para entender o passado ou se livrar dele, ou, em outras palavras, que o futuro irá finalmente livrá-lo do passado. Isso é ilusão. Só o presente pode nos livrar do passado. Uma maior quantidade de tempo não consegue nos livrar do tempo.

Acesse o poder do Agora. Essa é a chave. O poder do Agora nada mais é do que o poder da sua presença, da sua consciência libertada das formas de pensamento. Portanto, lide com o passado no nível do presente. Quanto mais atenção você der ao passado, mais energia estará dando a ele e mais probabilidades terá de construir um "eu interior" baseado nele.

Não confunda as coisas. A atenção é essencial, mas não em relação ao passado como passado. Dê atenção ao presente. Dê atenção ao seu comportamento, às suas reações, ao seu humor, seus pensamentos, suas emoções, medos e desejos, da forma como eles acontecem no presente. Ali está o seu passado. Se você consegue estar presente o bastante para observar todas essas coisas, não de modo crítico ou analítico, mas sem julgamentos, significa que você está lidando com o passado e dissolvendo-o através do poder da sua presença.

Não é procurando no passado que você vai se encontrar. Você vai se encontrar estando no presente.

capítulo cinco

A BELEZA NASCE DA SERENIDADE DA SUA PRESENÇA

A presença é necessária para tomarmos consciência da beleza, da majestade, do aspecto sagrado da natureza. Você alguma vez contemplou o espaço infinito em uma noite clara, estarrecido por sua calma absoluta e incrível vastidão? Já escutou, de verdade, o som de um riacho numa montanha na floresta? Ou o som de um melro ao entardecer de um tranquilo dia de verão?
Para perceber tudo isso a mente tem que estar serena. Você tem que se despojar por um momento da sua bagagem pessoal de problemas, do passado e do futuro, e também do seu conhecimento. Do contrário, você olhará mas não verá, ouvirá mas não escutará. Estar totalmente presente é fundamental.

EXISTE ALGO MAIS sob a beleza das formas externas. Algo que não pode ser nomeado, que é inefável, uma essência profunda, interna e sagrada. Onde quer que exista a beleza, essa essência interior brilhará de alguma forma. Ela só se revela quando estamos presentes.
Será possível que essa essência sem nome e a sua presença sejam coisas idênticas e uma coisa só?

Será que a essência estaria lá sem a sua presença?
Vá fundo nisso.
Descubra por si mesmo.

VIVENCIANDO A CONSCIÊNCIA PURA

Sempre que observamos a mente, livramos a consciência das formas da mente, criando aquilo que chamamos o observador ou a testemunha. Consequentemente, o observador – que é a pura consciência além da forma – se torna mais forte e as formações mentais se tornam mais fracas.

Quando falamos sobre observar a mente, estamos personalizando um fato de verdadeiro significado cósmico porque, através de você, a consciência está despertando do seu sonho de identificação com a forma e se retirando da forma. Isso é o prenúncio – e também parte – de um acontecimento que provavelmente ainda está num futuro distante, no que diz respeito ao tempo cronológico. Esse acontecimento é conhecido como o fim do mundo.

PARA FICARMOS PRESENTES no dia a dia, ajuda muito estarmos profundamente enraizados dentro de nós. Do contrário, a mente, que tem um impulso inacreditável, nos arrastará com ela, tal como um rio caudaloso.

A beleza nasce da serenidade da sua presença

Significa ocupar o corpo completamente. Ter sempre a atenção concentrada no campo energético interior do corpo. Sentir o corpo bem lá no fundo, como se diz. A consciência do corpo nos mantém presentes. Ela nos dá uma base firme no Agora.

O corpo que podemos ver e tocar não consegue nos conduzir para dentro do Ser. Mas esse corpo visível e palpável é só uma casca, ou melhor, uma percepção limitada e distorcida de uma realidade mais profunda. Em nosso estado natural de conexão com o Ser, essa realidade mais profunda pode ser sentida, a cada momento, como o corpo interior invisível, que é a presença viva dentro de nós. Portanto, "habitar o corpo" é sentir o corpo bem lá no fundo, de modo a sentir a vida dentro dele e, assim, perceber que somos algo mais além da forma exterior.

Enquanto sua mente absorver toda a sua atenção, você não conseguirá estar em conexão com o Ser. Quando isso acontece – e acontece sem parar para a maioria das pessoas –, você não está em seu corpo. A mente absorve toda a sua consciência e a transforma em matéria mental. Você não consegue parar de pensar.

Para se tornar consciente do Ser, você precisa ter de volta a consciência aprisionada pela mente. Essa é uma das tarefas mais essenciais na sua jornada espiritual. Ela vai libertar grandes porções de consciência que antes estavam presas nos pensamentos inúteis e compulsivos. Uma forma muito eficaz de realizar essa tarefa é desviar o foco da atenção do pensamento e dirigi-lo para o interior do seu corpo, onde o Ser pode ser percebido, numa primeira etapa, como o campo de energia invisível que dá vida àquilo que você entende como o seu corpo físico.

༄

CONECTE-SE COM O SEU CORPO INTERIOR

Vamos fazer uma experiência agora. Talvez ajude fechar os olhos para este exercício. Depois, quando o "estar dentro do corpo" se tornar algo fácil e natural, isso não será mais necessário.

DIRIJA A ATENÇÃO para dentro do seu corpo. Sinta-o lá no fundo. Está vivo? Há vida nas suas mãos, braços, pernas e pés, em seu abdômen, no seu peito?

Você consegue sentir o campo de energia sutil impregnando todo o seu corpo e fazendo palpitar cada órgão e cada célula? Percebe o que está acontecendo em todas as partes do corpo ao mesmo tempo, como se fosse um só campo de energia?

Mantenha o foco, por uns momentos, sobre a sensação que passa pelo seu corpo interior. Não comece a pensar sobre ela. Sinta-a.

Quanto mais atenção você der à sensação, mais clara e forte ela ficará. É como se cada célula se tornasse mais viva e, se você tiver uma forte percepção visual, talvez obtenha uma imagem do seu corpo ficando luminoso. Embora uma imagem assim possa ajudá-lo temporariamente, preste mais atenção ao que você está sentindo do que a qualquer imagem que possa surgir. Uma imagem, não importa o quanto seja bela ou poderosa, já tem uma forma definida e, por isso, deixa menos espaço para penetrar mais fundo.

UM MERGULHO PROFUNDO NO CORPO

Para ir mais fundo dentro do seu corpo, faça uma meditação. Não vai levar muito tempo, só 10 a 15 minutos.

PROVIDENCIE PARA QUE não haja distrações externas, como telefonemas ou pessoas que possam interromper. Sente-se em uma cadeira, mas não encoste. Mantenha a coluna ereta. Isso ajuda a ficar alerta. Você também pode escolher uma posição favorita para meditar.

Certifique-se de que o seu corpo está relaxado. Feche os olhos. Respire profundamente algumas vezes. Sinta a respiração na parte inferior do abdômen. Observe como ele se expande e se contrai levemente, a cada entrada e saída de ar.

Depois tome consciência de todo o campo de energia interior do seu corpo. Não pense a respeito, apenas sinta-o. Ao fazer isso, você retira a consciência do campo da mente. Se ajudar, visualize a "luz" que descrevi anteriormente.

Quando você não encontrar mais obstáculos para sentir o corpo interior como um campo único de energia, descarte, se possível, qualquer imagem visual e se concentre apenas na sensação. Se possível, descarte também qualquer imagem mental que você ainda tenha do corpo físico. O que sobrou é uma abrangente sensação de presença ou "existência" e uma percepção de um corpo interior sem fronteiras.

A seguir, concentre sua atenção mais fundo nessa sensação. Forme uma unidade com ela. Junte-se de tal modo ao campo de energia que você não mais perceba a dualidade entre o observador e o observado, entre você e seu corpo. A separação entre o interior e o exterior também se dissolve nesse momento, e, assim, não existe mais um corpo interior. Ao entrar profundamente no corpo, você transcendeu o corpo.

Permaneça nessa região do puro Ser pelo tempo que você se sentir bem. Depois retome a consciência do corpo físico, da sua respiração, dos sentidos, e abra os olhos. Observe o que está à sua volta por alguns minutos, em um estado meditativo, isto é, sem dar nome a nada, e continue a sentir o corpo interior enquanto faz isso.

Ter acesso a essa região sem forma traz uma liberdade verdadeira. Ela nos liberta da escravidão da forma e da identificação com a forma. Podemos chamá-la de Não Manifesto, a Fonte invisível de todas as coisas, o Ser que está presente em todos os seres. É uma região de profunda serenidade e paz, mas também de alegria e vida intensas. Sempre que estamos presentes, nos tornamos, de um certo modo, "transparentes" à luz, passamos a ser a consciência pura que emana dessa Fonte. Percebemos também que a luz não está separada de quem somos, mas constitui a nossa verdadeira essência.

Só quando a nossa consciência se volta para o exterior é que a mente e o mundo passam a existir. Quando se dirige para o interior, ela percebe a sua própria Fonte e regressa ao Não Manifesto.

Assim, quando a nossa consciência retorna ao mundo manifesto é que recuperamos a identidade da forma, que tinha sido abandonada temporariamente. Passamos a ter um nome, um passado, uma situação de vida, um futuro. Mas, em um aspecto particular, já não somos mais os mesmos de antes, porque vislumbramos uma realidade em nosso interior que não é "deste mundo", embora não seja separada dele, do mesmo modo que não é separada de você.

Adote, daqui para a frente, a seguinte prática espiritual:

AO CAMINHAR PELA VIDA, não dê 100 por cento de atenção ao mundo exterior e à sua mente. Deixe alguma coisa no interior.

Sinta o corpo interior, mesmo quando estiver fazendo alguma atividade de rotina, principalmente nos relacionamentos ou quando em contato com a natureza. Sinta a serenidade bem lá no fundo. Mantenha a porta aberta.

É possível ficar consciente do Não Manifesto em todas as ocasiões. Você sentirá uma profunda sensação de paz em algum lugar lá no fundo, uma serenidade que nunca abandonará você, não importa o que aconteça lá fora. Você passa a ser a ponte entre o Não Manifesto e o manifesto, entre Deus e o mundo.

Esse é o estado de conexão com a Fonte. É o que chamamos de iluminação.

FINQUE RAÍZES PROFUNDAS NO SEU EU INTERIOR

A chave é estar em um estado de conexão permanente com o nosso corpo interior, em senti-lo em todos os momentos. Essa prática vai se intensificar rapidamente e transformar sua vida. Quanto mais consciência direcionamos para o nosso corpo interior, mais cresce a frequência vibracional, tal qual a luz que vai ficando mais forte quando giramos o botão do *dimmer*, aumentando o fluxo de eletricidade. Nesse nível de energia mais elevado, a negatividade deixa de nos afetar e tendemos a atrair novas circunstâncias que refletem essa alta frequência.

Quanto mais concentramos a atenção no corpo, mais nos fixamos no Agora. Não nos perdemos no mundo exterior nem na mente. Pensamentos e emoções, medos e desejos podem até estar presentes, mas não vão mais nos dominar.

VERIFIQUE ONDE ESTÁ a sua atenção neste momento. Ou você está me ouvindo ou está lendo minhas palavras em um livro. Aqui está o foco da sua atenção. Você também está percebendo o que está ao redor, as outras pessoas, etc. Além disso, pode haver alguma atividade mental em volta do que você está ouvindo ou lendo, algum comentário mental, embora não haja necessidade de nada disso absorver toda a sua atenção.

Verifique se você consegue estar em contato com o seu corpo interior ao mesmo tempo. Mantenha parte da sua atenção no interior. Não permita que ela se disperse. Sinta todo o seu corpo, lá no fundo, como um só campo de energia. É quase como se você estivesse ouvindo ou lendo com todo o seu corpo. Pratique nos próximos dias e semanas.

Não desvie toda a sua atenção da mente nem do mundo exterior. Procure, por todos os meios, se concentrar naquilo que você está fazendo, mas sinta o corpo interior ao mesmo tempo, sempre que possível. Tenha as raízes fincadas dentro de você. Observe, então, como isso altera o seu estado de consciência e a qualidade do que você está fazendo.

Não aceite ou rejeite simplesmente essas minhas palavras. Pratique-as.

FORTALECENDO O SISTEMA IMUNOLÓGICO

Existe uma técnica de meditação simples e poderosa que pode ser usada sempre que você sentir necessidade de reforçar seu sistema imunológico. Funciona, em especial, quando usada assim que você sente os primeiros sintomas de uma doença, mas também pode surtir efeito com doenças que já se instalaram, se você usá-la a intervalos frequentes e com uma concentração intensa. Ela também vai neutralizar qualquer ruptura do seu campo de energia causada por alguma forma de negatividade.

Entretanto, não se trata de um substituto da prática de estar no corpo, do contrário seu efeito será apenas passageiro.

QUANDO VOCÊ NÃO TIVER o que fazer por alguns minutos, "inunde" o seu corpo com a consciência. É um excelente exercício para fazer à noite antes de dormir e assim que acordar de manhã, antes mesmo de se levantar. Feche os olhos. Deite-se de costas. Escolha partes diferentes do corpo para dirigir a sua atenção por alguns momentos, como mãos, pés, braços, pernas, abdômen, peito, cabeça. Sinta o campo de energia dessas partes tão intensamente quanto puder. Detenha-se mais ou menos por 15 segundos em cada lugar.

Deixe sua atenção percorrer o corpo, como uma onda, dos pés à cabeça e da cabeça aos pés. Leva apenas cerca de um minuto. Depois disso, sinta seu corpo em sua totalidade, como um campo de energia único. Mantenha esse sentimento por alguns segundos.

Esteja intensamente presente em cada célula do seu corpo durante esse tempo.

Não se preocupe se a mente, por vezes, conseguir desviar a sua atenção para fora do corpo e se você se perder em algum pensamento. Assim que você perceber que isso aconteceu, retorne a sua atenção para o seu corpo interior.

O USO CRIATIVO DA MENTE

Caso você precise usar a mente para um propósito específico, use-a em parceria com o seu corpo interior. Só se conseguirmos estar conscientes sem que haja pensamentos é que seremos capazes de usar a mente de forma criativa, e o caminho mais fácil para entrar nesse estado é através do corpo.

SEMPRE QUE FOR necessária uma resposta, uma solução ou uma ideia criativa, pare de pensar por um momento e focalize a atenção em seu campo de energia interior. Tome consciência da serenidade.

Quando você voltar ao pensamento, ele será novo e criativo. Em qualquer atividade mental, habitue-se a ir e vir, de tantos em tantos minutos, entre o pensamento e uma espécie de escuta interior, uma serenidade interior.

Poderíamos dizer: não pense apenas com a cabeça, mas com todo o seu corpo.

DEIXE QUE A RESPIRAÇÃO CONDUZA VOCÊ PARA DENTRO DO CORPO

Se você encontrar dificuldades de entrar em contato com o seu corpo interior, é mais fácil, em primeiro lugar, concentrar a atenção no movimento da respiração. Tomar consciência da respiração, que já é uma meditação poderosa, irá, aos poucos, colocar você em contato com o corpo.

OBSERVE ATENTAMENTE A respiração, como o ar entra e sai do seu corpo. Respire e sinta o abdômen inflar e contrair-se levemente a cada inspiração e expiração. Concentre-se.

Se você tiver facilidade para visualizar, feche os olhos e veja-se no meio da luz, ou dentro de um mar de consciência. Então, respire dentro dessa luz. Sinta essa substância luminosa preenchendo todo o seu corpo e tornando-o luminoso.

Aos poucos, pense nessa sensação. Não se fixe em nenhuma imagem visual. Você agora está dentro do seu corpo. Você acessou o poder do Agora.

Parte II

RELACIONAMENTOS COMO PRÁTICA ESPIRITUAL

*O amor é um estado do Ser.
Não está do lado de fora, está bem
lá dentro de nós.
Não temos como perdê-lo e ele
não consegue nos deixar.
Não depende de um outro corpo, de nenhuma
forma externa.*

capítulo seis

DISSOLVENDO O SOFRIMENTO

A maior parte do sofrimento humano é desnecessária. Ele se forma sozinho, enquanto a mente superficial governa a nossa vida. O sofrimento que sentimos neste exato momento é sempre alguma forma de não aceitação, uma forma de resistência inconsciente ao que é.

No nível do pensamento, a resistência é uma forma de julgamento. No nível emocional, ela é uma forma de negatividade. O sofrimento varia de intensidade de acordo com o nosso grau de resistência ao momento atual, e isso, por sua vez, depende da intensidade com que nos identificamos com as nossas mentes. A mente procura sempre negar e escapar do Agora.

Em outras palavras, quanto mais nos identificamos com as nossas mentes, mais sofremos. Ou ainda, quanto mais respeitamos e aceitamos o Agora, mais nos libertamos da dor, do sofrimento e da mente egóica.

Alguns ensinamentos espirituais dizem que todo sofrimento é, em última análise, uma ilusão, e isso é verdade. A questão é se isso é uma verdade para você. Acreditar simplesmente não transforma nada em verdade. Você quer sofrer para o resto da vida e permanecer dizendo que é uma ilusão? Será que essa atitude livra você do sofrimento? O que nos interessa aqui é o que podemos fazer para vivenciar essa verdade, ou seja, torná-la real em nossas vidas.

Enquanto estivermos identificados com as nossas mentes, o que significa dizer enquanto estivermos inconscientes espiritualmente, o sofrimento será inevitável. Refiro-me aqui ao sofrimento emocional, que é também a causa principal do sofrimento físico e da doença. O ressentimento, o ódio, a autopiedade, a culpa, a raiva, a depressão, o ciúme e até mesmo uma leve irritação são formas de sofrimento. E qualquer prazer ou forte emoção contêm em si a semente do sofrimento. É o inseparável oposto, que se manifestará com o tempo.

Quem já tomou bebidas alcoólicas ou drogas para ficar "alto" sabe que o alto se transforma em baixo, que o prazer se transforma em alguma forma de sofrimento. A maioria das pessoas também sabe, por experiência própria, como uma relação íntima pode se transformar, de modo fácil e rápido, de fonte de prazer em fonte de sofrimento. Vistas de uma perspectiva mais ampla, tanto a polaridade negativa quanto a positiva são lados de uma mesma moeda, são partes de um sofrimento que está oculto, inseparável do estado de consciência identificado com a mente.

Existem dois níveis de sofrimento: o que você cria agora e o que tem origem no passado que ainda vive em sua mente e no seu corpo. Enquanto não somos capazes de acessar o poder do Agora, vamos acumulando resíduos de sofrimento emocional. Esses resíduos se misturam ao sofrimento do passado e se alojam em nossa mente e em nosso corpo. Isso inclui o sofrimento vivido em nossa infância, causado pela falta de compreensão do mundo em que nascemos.

Todo esse sofrimento cria um campo de energia negativa que ocupa a mente e o corpo. Se olharmos para ele como uma entidade invisível com características próprias, estaremos chegando bem perto da verdade. É o sofrimento emocional do corpo.

Apresenta-se sob duas modalidades: inativo e ativo. O sofrimento pode ficar inativo 90 por cento do tempo, ou 100 por cento ativado em alguém profundamente infeliz. Algumas pessoas atravessam a vida quase que inteiramente tomadas pelo sofrimento, enquanto outras passam por ele em algumas ocasiões que envolvem relações familiares e amorosas, lesões físicas ou emocionais, perdas do passado, abandono, etc.

Qualquer coisa pode ativá-lo, especialmente se encontrar ressonância em um padrão de sofrimento do passado. Quando o sofrimento está pronto para despertar do estágio inativo, até mesmo uma observação inocente feita por um amigo, ou um pensamento, é capaz de ativá-lo.

DESFAZENDO A IDENTIFICAÇÃO COM O SOFRIMENTO

O SOFRIMENTO NÃO QUER que nós o observemos diretamente e vejamos o que ele realmente é. No momento em que o observamos, sentimos seu campo energético dentro de nós e desfazemos a nossa identificação com ele, surge uma nova dimensão da consciência.

Chamo isso de presença. Passamos a ser testemunhas ou observadores do sofrimento. Isso significa que ele não pode mais nos usar, fingindo ser nosso eu interior. Então, não temos mais como realimentá-lo. Aqui está nossa mais profunda força interior.

Alguns sofrimentos são irritantes, mas inofensivos, como é o caso de uma criança que não para de chorar. Outros são monstros destrutivos e mórbidos, verdadeiros demônios. Alguns são fisicamente violentos; outros, emocionalmente violentos. Eles podem atacar tanto as pessoas à nossa volta quanto a nós mesmos, seus hospedeiros. Os pensamentos e sentimentos relativos à nossa vida tornam-se, então, profundamente negativos e autodestrutivos. Doenças e acidentes frequentemente acontecem desse modo. Alguns sofrimentos podem até levar uma pessoa ao suicídio.

Às vezes levamos um choque ao descobrir uma faceta detestável em alguém que pensávamos conhecer bem. Entretanto, é mais importante observar essa situação em nós mesmos do que nos outros.

PRESTE ATENÇÃO A QUALQUER SINAL de infelicidade em você, qualquer que seja a forma, pois talvez seja o despertar do sofrimento. Ele pode se manifestar como uma irritação, um sinal de impaciência, um ar sombrio, um desejo de ferir, sentimentos de raiva, ira e depressão ou uma necessidade de criar algum tipo de problema em seus relacionamentos. Agarre o sinal no momento em que ele despertar de seu estado inativo.

O sofrimento deseja sobreviver, mas, para isso, precisa conseguir que nos identifiquemos inconscientemente com ele. Então poderá nascer, nos dominar, "tornar-se nós" e viver através de nós.

Ele retira seu "alimento" de nós. Vale-se de qualquer experiência sintonizada com o seu próprio tipo de energia, qualquer coisa que provoque um sofrimento adicional sob qualquer forma: raiva, destruição, rancor, desgostos, problemas emocionais, violência e até mesmo doenças. Portanto, quando o sofrimento toma conta de nós, cria uma situação em nossas vidas que reflete a própria frequência de energia da qual ele se alimenta. Sofrimento só se alimenta de sofrimento. Não consegue se alimentar de alegria. Acha-a indigesta.

Quando o sofrimento nos domina, faz com que desejemos ter mais sofrimento. Passamos a ser vítimas ou agressores. Queremos infligir sofrimento, ou senti-lo, ou ambos. Na verdade, não há muita diferença entre os dois. É claro que não temos consciência disso e afirmamos que não queremos sofrer. Mas preste bem atenção e verá que o seu pensamento e o seu comportamento estão programados para continuar com o sofrimento, tanto para você quanto para os outros. Se você estivesse consciente disso, o padrão iria se desfazer, porque desejar mais sofrimento é uma insanidade, e ninguém é insano conscientemente.

O sofrimento, a sombra escura projetada pelo ego, tem medo da luz da nossa consciência. Teme ser descoberto. Sobrevive graças à nossa identificação inconsciente com ele, assim como do medo inconsciente de enfrentarmos o sofrimento que vive dentro de nós. Mas, se não o enfrentarmos, se não direcionarmos a luz da nossa consciência para o sofrimento, seremos forçados a revivê-lo.

O sofrimento pode parecer um monstro perigoso, mas eu garanto que se trata de um fantasma frágil. Ele não pode prevalecer sobre o poder da nossa presença.

QUANDO PASSAMOS A OBSERVADORES e começamos a deixar de nos identificar, o sofrimento ainda continua a agir por um tempo e vai tentar fazer com que voltemos a nos identificar com ele. Embora não esteja mais recebendo a energia originada da nossa identificação com ele, o sofrimento ainda tem sua força, como uma roda-gigante que continua a girar mesmo quando deixa de receber o impulso. Nesse estágio, o sofrimento pode até ocasionar dores em diversas partes do corpo, mas elas não vão durar.

Esteja presente, fique consciente. Vigie o seu espaço interior. Você vai precisar estar presente e alerta para ser capaz de observar o sofrimento de um modo direto e sentir a energia que emana dele. Agindo assim, o sofrimento não terá força para controlar o seu pensamento.

No momento em que o seu pensamento se alinha com o campo energético do sofrimento, você está se identificando com ele e, de novo, alimentando-o com os seus pensamentos. Por exemplo, se a raiva é a vibração de energia que predomina no sofrimento e você alimenta esse sentimento, insistindo em pensar no que alguém fez para prejudicá-lo ou no que você vai fazer em relação a essa pessoa, é porque você já não está mais consciente, e o sofrimento se tornou "você". Onde existe raiva existe sempre um sofrimento oculto.

Quando você começa a entrar em um padrão mental negativo e a pensar como a sua vida é horrorosa, isso quer dizer que o pensamento se alinhou com o sofrimento e você passou a estar inconsciente e vulnerável a um ataque do sofrimento.

Utilizo a palavra "inconsciência" no presente contexto para significar uma identificação com um padrão mental ou emocional. Isso implica uma ausência completa do observador.

TRANSFORMANDO O SOFRIMENTO EM CONSCIÊNCIA

Manter-se em um estado de alerta consciente destrói a ligação entre o sofrimento e o mecanismo do pensamento e aciona o processo de transformação. É como se o sofrimento se tornasse o combustível para a chama da consciência, resultando em um brilho de mais intensidade.

Esse é o significado esotérico da antiga arte da alquimia: a transformação do metal não precioso em ouro, do sofrimento em consciência. A separação interior cicatriza, e você se torna inteiro outra vez. Cabe a você, então, não criar um sofrimento adicional.

CONCENTRE A ATENÇÃO no sentimento dentro de você. Reconheça que é o sofrimento. Aceite que ele esteja ali. Não pense a respeito. Não permita que o sentimento se transforme em pensamento. Não julgue nem analise. Não se identifique com o sentimento. Esteja presente e observe o que está acontecendo dentro de você.

Perceba não só o sofrimento emocional, mas também a presença "de alguém que observa", o observador silencioso. Esse é o poder do Agora, o poder da sua própria presença consciente. Veja, então, o que acontece.

A IDENTIFICAÇÃO DO EGO
COM O SOFRIMENTO

O processo que acabei de descrever é extremamente poderoso, embora simples. Poderia ser ensinado a uma criança, e tenho a esperança de que um dia será uma das primeiras coisas a serem aprendidas na escola. Uma vez entendido o princípio básico do que significa estar presente observando o que acontece dentro de nós – e "entendemos" isso quando passamos pela experiência –, teremos à nossa disposição a mais poderosa ferramenta de transformação.

Não nego que podemos encontrar uma forte resistência interna tentando nos impedir de pôr um fim à identificação com o sofrimento. Isso acontecerá particularmente se tivermos vivido intimamente identificados com o sofrimento emocional durante a maior parte da vida e se tivermos investido nele uma grande parte ou mesmo todo o nosso sentido de eu interior. Isso significa que construímos um eu interior infeliz por conta do nosso sofrimento e acreditamos que somos essa ficção fabricada pela mente. Nesse caso, nosso medo inconsciente de perder a identidade vai criar uma forte resistência a qualquer forma de não identificação. Em outras palavras, você preferiria viver com o sofrimento – ser o sofrimento – a saltar para o desconhecido, correndo o risco de perder o seu infeliz mas familiar eu interior.

OBSERVE A RESISTÊNCIA dentro de você. Observe o seu apego ao sofrimento. Esteja muito alerta. Observe como é estranho ter prazer em ser infeliz. Observe a compulsão de falar ou pensar a esse respeito. A resistência deixará de existir se você torná-la consciente.

Poderá então dar atenção ao sofrimento, estar presente como testemunha e iniciar a transformação.

Só você pode fazer isso. Ninguém pode fazer por você. Mas, caso tenha bastante sorte para encontrar alguém intensamente consciente, se puder estar com essa pessoa e juntar-se a ela no estado de presença, isso poderá ser de grande utilidade, acelerando o processo. Se isso acontecer, a sua própria luz logo brilhará mais forte.

Quando colocamos um pedaço de lenha que tenha começado a queimar há pouco tempo perto de outro que está queimando vigorosamente e, depois, separamos os dois novamente, o primeiro tronco passará a queimar com uma intensidade muito maior. Afinal de contas, é o mesmo fogo. Ser um fogo dessa natureza é uma das funções de um mestre espiritual. Alguns terapeutas estão aptos a preencher essa função, desde que tenham alcançado um ponto além do nível de consciência e sejam capazes de criar e sustentar um estado de presença intensa e consciente enquanto estiverem trabalhando com você.

A primeira coisa para lembrar é que, enquanto você construir a sua identidade em função do sofrimento, não conseguirá se livrar dele. Enquanto investir uma parte do seu sentido de eu interior no seu sofrimento emocional, você vai resistir ou sabotar, inconscientemente, cada tentativa para curar o sofrimento.

Por quê? Porque você quer se manter inteiro e o sofrimento se tornou uma parte essencial de você. Esse é um processo inconsciente, e o único caminho para superá-lo é torná-lo consciente.

⁓

O PODER DA SUA PRESENÇA

PERCEBER, DE REPENTE, que você está ou tem estado preso ao sofrimento pode lhe causar um choque. No momento em que percebe isso, você acabou de romper com a ligação.

O sofrimento é um campo de energia, quase como uma entidade que se alojou temporariamente no seu espaço interior. É a energia da vida que foi aprisionada, uma energia que não está mais fluindo.
Claro que o sofrimento está ali por causa de certas coisas que aconteceram no passado. Ele é o passado vivo em você. E, se você se identifica com ele, se identifica com o passado. Uma identidade vítima acredita que o passado é mais poderoso do que o presente, o que não é verdade. É a crença de que outras pessoas e o que fizeram a você são responsáveis pelo que você é hoje, pelo seu sofrimento emocional, ou por sua incapacidade de ser o verdadeiro eu interior.
A verdade é que o único poder está bem aqui neste

momento: o poder da sua presença. Uma vez que saiba disso, perceberá também que só você é responsável pelo seu espaço interior no presente instante e o passado não consegue prevalecer contra o poder do Agora.

A inconsciência cria o sofrimento. A consciência transforma o sofrimento nela mesma. São Paulo expressa esse princípio universal de uma forma linda ao dizer: "Tudo é revelado ao ser exposto à luz, e o que for exposto à própria luz se torna luz."

Assim como não se pode lutar contra a escuridão, não se pode lutar contra o sofrimento. Tentar fazer isso poderia gerar um conflito interior e um sofrimento adicional. Observar o sofrimento já é o bastante. Observá-lo implica aceitá-lo como parte do que existe naquele momento.

capítulo sete

TRANSFORMANDO AS RELAÇÕES VICIADAS EM RELAÇÕES ILUMINADAS

RELAÇÕES DE AMOR E ÓDIO

A menos que você acesse a frequência consciente da presença, todos os seus relacionamentos, principalmente os mais íntimos, vão apresentar defeitos profundos. Durante um tempo, eles podem dar a impressão de ser perfeitos, como quando estamos apaixonados, mas, invariavelmente, essa perfeição aparente acaba destruída por discussões, conflitos, insatisfações, e até mesmo por violência física e emocional, que passa a acontecer com uma frequência cada vez maior.

Parece que a maioria dos "relacionamentos amorosos" não leva muito tempo para se tornar uma relação de amor e ódio. O amor pode se transformar em agressões furiosas, em sentimentos de hostilidade ou, num piscar de olhos, em um completo recuo da afeição. Isso é visto como normal.

Se em seus relacionamentos você vivenciou tanto o "amor" quanto o seu oposto – a agressão, a violência emocional, etc. –, então é provável que você esteja confundindo o apego do ego e a dependência com amor. Não se pode amar alguém em um momento e atacar essa pessoa no momento seguinte. O verdadeiro amor não tem oposto. Se o seu "amor" tem oposto, então não é amor, mas uma grande necessidade do ego de obter um sentido mais profundo e mais completo do eu interior, uma necessidade que a outra pessoa preenche temporariamente. É uma forma de substituição que o ego encontrou, e, por um curto período, ela parece ser mesmo a salvação.

Chega então um momento em que o outro passa a se comportar de um modo que deixa de preencher as nossas necessidades, ou melhor, as necessidades do nosso ego. As sensações de medo, sofrimento e falta, que estavam encobertas pelo "relacionamento amoroso", voltam a aparecer.

Como acontece com qualquer vício, ficamos muito bem enquanto a droga está disponível, mas chega um momento em que a droga não funciona mais.

Quando essas dolorosas sensações de medo reaparecem, nós as sentimos mais fortes do que antes e passamos a ver o outro como a causa de todas essas sensações. Isso significa que estamos projetando no outro essas sensações, por isso nós o agredimos com toda a violência que é parte do nosso sofrimento.

Essa agressão pode despertar o sofrimento do outro, que é induzido a contra-atacar. Nesse ponto, o ego ainda está, inconscientemente, esperando que a agressão ou a tentativa de manipulação seja suficiente para levar o outro a mudar o comportamento, de forma que possa usá-lo, de novo, para encobrir seu sofrimento.

Todo vício surge de uma recusa inconsciente de encararmos nossos próprios sofrimentos. Todo vício começa no sofrimento e termina nele. Qualquer que seja o vício – álcool, comida, drogas legais ou ilegais, ou mesmo uma pessoa –, ele é um meio que usamos para encobrir o sofrimento.

É por isso que, passada a euforia inicial, existe tanta infelicidade, tanto sofrimento nos relacionamentos íntimos. Estes não causam o sofrimento e a infelicidade. Eles trazem à superfície o sofrimento e a infelicidade que já estão dentro de nós. Todo vício faz isso. Todo vício chega a um ponto em que já não funciona mais para nós, e, então, sentimos o sofrimento mais forte do que nunca.

Essa é a razão pela qual muitas pessoas estão sempre tentando escapar do momento presente e buscando algum tipo de salvação no futuro. A primeira coisa que devem encontrar, caso focalizem a atenção no Agora, é o próprio sofrimento que carregam, e é isso o que mais temem. Se ao menos soubessem como, no Agora, é fácil acessar o poder da presença que dissolve o passado e o sofrimento. Se ao menos soubessem como estão perto da própria realidade, como estão perto de Deus.

Evitar se relacionar como uma tentativa de evitar o sofrimento também não é a resposta. O sofrimento está lá, de qualquer jeito. Três relacionamentos infelizes em alguns anos têm mais probabilidade de forçar você a acordar do que três anos em uma ilha deserta ou trancafiado em seu quarto. Mas, se você pudesse colocar uma presença intensa em sua solidão, isso também funcionaria para você.

༄

TRANSFORMANDO AS RELAÇÕES VICIADAS EM RELAÇÕES ILUMINADAS

NÃO IMPORTA SE você está vivendo só ou com alguém, a chave do segredo será sempre esta: estar presente e aumentar a presença concentrando a atenção cada vez mais fundo no Agora.

Para o amor florescer, a luz da presença tem de ser forte o bastante, de modo a impedir que o pensador ou o sofrimento do corpo nos domine.

Saber que cada um de nós é o Ser por baixo do pensador, a serenidade por baixo do barulho mental, o amor e a alegria por baixo da dor, significa liberdade, salvação e iluminação.

Pôr fim à identificação com o sofrimento do corpo é trazer a presença para o sofrimento e, assim, transformá-lo. Pôr fim à identificação com o pensamento é ser o observador silencioso dos próprios pensamentos e atitudes, em especial dos padrões repetitivos gerados pela mente e dos papéis desempenhados pelo ego.

Se paramos de injetar "autossuficiência" na mente, ela perde sua qualidade compulsiva, que é o impulso para julgar e, desse modo, criar uma resistência ao que é, dando origem a conflitos, tragédias e novos sofrimentos. Na verdade, no momento em que paramos de julgar, no instante em que aceitamos aquilo que é, ficamos livres da mente e abrimos espaço para o amor, para a alegria e para a paz.

EM PRIMEIRO LUGAR, paramos de nos julgar, depois paramos de julgar o outro. O grande elemento catalisador para mudarmos um relacionamento é a completa aceitação do outro do jeito que ele é, sem querer julgar ou modificar nada.

Isso nos leva imediatamente para além do ego. Nesse momento, todos os jogos mentais e toda a dependência viciada deixam de existir. Não existem mais vítima nem agressor, acusador nem acusado.

Esse é também o fim da dependência, da atração pelo padrão inconsciente do outro. Você, então, ou vai se afastar – com amor – ou penetrar cada vez mais fundo no Agora com o outro. É simples assim.

O amor é um estado do Ser. Não está do lado de fora, está bem lá dentro de nós. Não temos como perdê-lo e ele não consegue nos deixar. Não depende de um outro corpo, de nenhuma forma externa.

NA SERENIDADE DO ESTADO DE PRESENÇA, podemos sentir a nossa própria realidade sem forma e sem tempo, que é a vida não manifesta que dá vitalidade à nossa forma física. Conseguimos, então, sentir essa mesma vida lá no fundo de outro ser humano, de cada criatura. Conseguimos enxergar além do véu opaco da forma e da desunião. Essa é a realização da unidade. Isso é amor.

Embora possa haver curtos lampejos, o amor não consegue florescer, a menos que estejamos permanentemente livres da identificação com a mente e que a presença seja bastante intensa para dissolver o sofrimento do corpo. Assim, o sofrimento não consegue nos dominar e destruir o amor.

RELACIONAMENTOS COMO PRÁTICA ESPIRITUAL

Como os seres humanos têm se identificado cada vez mais com a mente, a maioria dos relacionamentos não tem as raízes fincadas no Ser. Por isso se transformam em fonte de sofrimento e passam a ser dominados por problemas e conflitos.

Se os relacionamentos energizam e elevam os padrões da mente egoica e ativam o sofrimento do corpo, como está acontecendo agora, por que não aceitar esse fato em vez de tentar escapar dele? Por que não cooperar com ele em vez de evitar relacionamentos ou continuar a perseguir a ilusão de uma companhia ideal, como uma resposta para os problemas ou um meio de encontrar satisfação?

O conhecimento e a aceitação dos fatos trazem também um certo grau de distanciamento deles.

Por exemplo, quando você *sabe* que existe desarmonia e retém esse "saber", significa que surgiu um novo fator através do seu saber, e que a desarmonia não poderá se manter inalterada.

QUANDO VOCÊ SABE que não está em paz, o seu saber cria um espaço de serenidade que envolve a falta de paz em um abraço terno e amoroso, e então transforma a falta de paz em paz.

No que se refere à transformação interior, não há nada que você possa fazer a respeito. Você não pode transformar a si mesmo, e é claro que não pode transformar seu companheiro ou qualquer pessoa. Tudo que você pode fazer é criar um espaço para a transformação acontecer, para a graça e o amor penetrarem.

Portanto, sempre que o seu relacionamento não estiver bom, sempre que fizer aflorar a "loucura" em você e em seu parceiro, fique feliz. O que estava inconsciente está vindo à luz. É uma chance de salvação.

SUSTENTE, A CADA INSTANTE, o saber de cada momento, em especial o do seu estado interior. Se houver raiva, saiba que é raiva. Se houver ciúme, defesa, um impulso para discutir, uma necessidade de ter sempre razão, uma criança interior reclamando amor e atenção, ou um sofrimento emocional de qualquer tipo, seja o que for, saiba a realidade do momento e sustente esse conhecimento.

O relacionamento passa a ser o seu *sadhana*, a sua prática espiritual. Se você notar um comportamento inconsciente no parceiro, prenda-o no abraço amoroso do seu saber, de modo que você não tenha uma reação.

A inconsciência e o conhecimento não conseguem conviver por muito tempo, mesmo que o conhecimento esteja só com uma pessoa e a outra não tenha consciência do que está fazendo. A forma de energia que existe por trás da agressão e da hostilidade acha a presença do amor absolutamente insuportável. Se você reage à inconsciência do seu parceiro, também fica inconsciente. Mas, se você ficar alerta à sua reação, nada está perdido.

Nunca antes os relacionamentos foram tão problemáticos e oprimidos por conflitos como hoje em dia. Você deve ter notado que eles não aparecem para nos fazer felizes ou satisfeitos. Se você continuar buscando um relacionamento como forma de salvação, vai se desiludir cada vez mais. Mas, se aceitar que o relacionamento está aqui para tornar você consciente em lugar de feliz, então o relacionamento vai lhe oferecer a salvação e você estará se alinhando com a mais alta consciência que quer nascer neste mundo.

Transformando as relações viciadas em relações iluminadas

Para os que se mantiverem apegados aos padrões antigos haverá cada vez mais sofrimento, violência, confusão e loucura.

Quantas pessoas são necessárias para transformar a sua vida em uma prática espiritual? Não se incomode caso o parceiro não queira cooperar. É através de você que a sanidade, ou seja, a consciência, consegue chegar a este mundo. Você não tem de esperar o mundo se curar, ou alguém se tornar consciente, antes de poder alcançar a iluminação. Pode ter de esperar para sempre.

Não acuse o outro de não ter consciência. No momento em que a discussão começar, é sinal de que você passou a se identificar com uma posição mental e a defender não só aquela posição, mas também o seu sentido do eu interior. O ego está no comando. Você acabou de ficar inconsciente. Às vezes, isso pode servir para apontar certos aspectos do comportamento do parceiro. Se você estiver muito alerta, muito presente, pode agir sem o envolvimento do ego: sem culpar, acusar ou fazer o outro se sentir errado.

Se o outro se comportar de modo inconsciente, abandone qualquer julgamento. O julgamento tanto serve para as pessoas confundirem o comportamento inconsciente com quem elas são de verdade quanto para projetar a própria inconsciência sobre a outra pessoa e se enganar por causa disso sobre quem elas são.

Abandonar qualquer julgamento não significa não reconhecer a disfunção e a inconsciência quando se deparar com ela. Significa "ser o saber", e não "ser a reação" e o juiz. Você não vai nem querer reagir ou poderá reagir e ainda assim ser o saber, o espaço no qual a reação é observada e onde ela se permite existir. Em vez de brigar com o escuro, você traz a luz. Em vez de reagir a uma desilusão, você vê a desilusão, mas, ao mesmo tempo, enxerga através dela.

Ser o saber cria um espaço nítido de presença amorosa que permite a todas as coisas e pessoas serem como são. Não existe maior catalisador para que a transformação aconteça. Se você adotar essa prática, o outro não conseguirá ficar com você e permanecer inconsciente.

Se os dois concordarem em fazer do relacionamento uma prática espiritual do casal, tanto melhor. Podem contar ao outro os pensamentos e sentimentos tão logo apareçam, ou assim que uma reação desponte, de forma que não haja tempo para surgir um espaço em que uma emoção não dita, ou desconhecida, ou uma queixa possam se agravar e se desenvolver.

APRENDA A EXPRESSAR os seus sentimentos sem culpar ninguém. Aprenda a ouvir o parceiro de um modo aberto, sem reservas.

Dê ao parceiro espaço para se expressar. Esteja presente. Acusar, defender, atacar – todos esses padrões destinados a fortalecer ou proteger o ego ou a atender às necessidades dele irão se tornar supérfluos. Dar espaço aos outros – e a si mesmo – é fundamental. O amor não consegue florescer sem isso.

Transformando as relações viciadas em relações iluminadas

Quando você tiver removido os dois fatores que destroem os relacionamentos – transformado o sofrimento e deixado de se identificar com a mente e as posições mentais – e o seu parceiro tiver feito o mesmo, vocês vão sentir a alegria do desabrochar do relacionamento. Em vez de refletir o sofrimento e a inconsciência, em vez de satisfazer as necessidades mútuas viciadas do ego, vocês vão refletir para o outro o amor que sentem lá no fundo, que surge com a realização da unidade de cada ser com tudo o que existe.

Esse é o amor que não tem opositores.

Se o seu parceiro continua identificado com a mente e com o sofrimento, mas você já se libertou deles, vai ser um grande desafio. Não para você, mas para ele. Não é fácil conviver com uma pessoa iluminada, ou melhor, é tão fácil que o ego acha extremamente ameaçador.

Lembre-se de que o ego precisa de problemas, disputas e "inimigos" para fortalecer o sentido de separação de onde tira a sua identidade. A mente do parceiro não iluminado ficará profundamente frustrada porque não encontrará resistência às suas posições rígidas, o que significa que ela vai se tornar insegura e enfraquecida, além de haver "perigo" de essas posições desabarem todas juntas, resultando na perda do eu interior.

O sofrimento do corpo pedirá uma resposta, mas não irá obtê-la. Sua necessidade de discussões, dramas e disputas não estará sendo atendida.

DESISTINDO DO RELACIONAMENTO CONSIGO MESMO

Iluminado ou não, no nível da sua identidade com a forma você não está completo. Você é a metade do todo. E isso é percebido como a atração homem-mulher, o movimento em direção à polaridade oposta de energia, não importa qual seja o seu nível de consciência. Mas, nesse estado de conexão interior, você percebe essa atração em algum lugar sob a superfície ou na periferia da sua vida.

Isso não significa que você não se relaciona profundamente com outras pessoas ou com o seu parceiro. Na verdade, você só consegue se relacionar se tiver consciência do Ser. Partindo do Ser, você é capaz de enxergar além do véu da forma. No Ser, homem e mulher são uma unidade. A sua forma pode continuar a ter algumas necessidades, mas o Ser não tem nenhuma. Já está completo e inteiro. Se essas necessidades forem preenchidas, será ótimo, mas não faz diferença para o seu estado interior mais profundo.

Portanto, caso a necessidade de uma polaridade masculina ou feminina não seja preenchida, é perfeitamente possível para uma pessoa iluminada perceber que falta alguma coisa no nível externo e, ao mesmo tempo, sentir-se totalmente completa e satisfeita no nível interno.

Se você não consegue ficar à vontade consigo mesmo, vai procurar um relacionamento para encobrir o seu desconforto. Só que esse desconforto vai reaparecer de alguma outra forma no relacionamento, e você, provavelmente, atribuirá a responsabilidade ao seu parceiro.

TUDO O QUE você precisa fazer é aceitar esse momento plenamente. Você estará então à vontade no aqui e agora e à vontade consigo mesmo.

Mas será que você precisa ter um relacionamento com você mesmo? Por que não ser apenas você? Quando se relaciona com você mesmo, já se dividiu em dois: "eu" e "eu mesmo", sujeito e objeto. Essa dualidade criada pela mente é a raiz de toda uma complexidade desnecessária, de todos os problemas e conflitos em sua vida.

No estado de iluminação, você é você mesmo – "você" e "você mesmo" se fundem em um só. Você não se julga, não sente pena de si, não se orgulha de si, não se ama, não se odeia, etc. A divisão provocada pela consciência está curada; sua maldição, removida. Não existe um "você mesmo" que seja preciso proteger, defender ou alimentar.

Quando você está iluminado, não tem mais um relacionamento consigo mesmo. Uma vez que tenha aberto mão disso, todos os seus outros relacionamentos serão de amor.

Parte III

ACEITAÇÃO E ENTREGA

Quando nos rendemos àquilo que é e assim ficamos inteiramente presentes, o passado deixa de ter qualquer força.
A região do Ser, que tinha sido encoberta pela mente, se abre. De repente surge uma grande serenidade dentro de você, uma imensa sensação de paz.
E dentro dessa paz existe uma grande alegria.
E dentro dessa alegria existe amor.
E lá no fundo está o sagrado, o incomensurável, o que não pode ser nomeado.

capítulo oito

A ACEITAÇÃO DO AGORA

A IMPERMANÊNCIA E OS CICLOS DA VIDA

Existem ciclos de sucesso, como quando as coisas acontecem e dão certo, e ciclos de fracasso, quando elas não vão bem e se desintegram. Você tem de permitir que elas terminem, dando espaço para que coisas novas aconteçam ou se transformem.

Se nos apegamos às situações e oferecemos uma resistência nesse estágio, significa que estamos nos recusando a acompanhar o fluxo da vida e que vamos sofrer. É necessário que as coisas acabem, para que coisas novas aconteçam. Um ciclo não pode existir sem o outro.

O ciclo descendente é absolutamente essencial para uma realização espiritual. Você tem de ter falhado gravemente de algum modo, ou passado por alguma perda profunda, ou por algum sofrimento, para ser conduzido à dimensão espiritual. Ou talvez o seu sucesso tenha se tornado vazio e sem sentido e se transformado em fracasso.

O fracasso está sempre embutido no sucesso, assim como o sucesso está sempre encoberto pelo fracasso. No mundo da forma, todas as pessoas "fracassam" mais cedo ou mais tarde, e toda conquista acaba em derrota. Todas as formas são impermanentes.

Você pode ser ativo e apreciar a criação de novas formas e circunstâncias, mas não se sentirá identificado com elas. Você não precisa delas para obter um sentido de eu interior. Elas não são a sua vida, pertencem à sua situação de vida.

Um ciclo pode durar de algumas horas a alguns anos, e dentro dele pode haver ciclos longos ou curtos. Muitas doenças são provocadas pela luta contra os ciclos de baixa energia, que são fundamentais para uma renovação. Enquanto estivermos identificados com a mente, não poderemos evitar a compulsão de fazer coisas e a tendência a extrair o nosso valor pessoal de fatores externos, tais como as conquistas que alcançamos.

Isso torna difícil ou impossível para nós aceitarmos os ciclos de baixa e permitirmos que eles aconteçam. Assim, a inteligência do organismo pode assumir o controle, como uma medida autoprotetora, e criar uma doença com o objetivo de nos forçar a parar, de modo a permitir que uma necessária renovação possa acontecer.

Enquanto a mente julgar uma circunstância "boa", seja um relacionamento, uma propriedade, um papel social, um lugar ou o nosso corpo físico, ela se apegará e se identificará com ela. Isso faz você se sentir bem em relação a si mesmo e pode se tornar parte de quem você é ou pensa que é.

Mas nada dura muito nessa dimensão, onde as traças

e a ferrugem devoram tudo. Tudo acaba ou se transforma: a mesma condição que era boa no passado de repente se torna ruim. A mesma condição que fez você feliz agora faz você infeliz. A prosperidade de hoje se torna o consumismo vazio de amanhã. O casamento feliz e a lua de mel se transformam no divórcio infeliz ou em uma convivência infeliz.

A mente não consegue aceitar quando uma situação à qual ela tenha se apegado muda ou desaparece. Ela vai resistir à mudança. É quase como se um membro estivesse sendo arrancado do seu corpo.

Isso significa que a felicidade e a infelicidade são, na verdade, uma coisa só. Somente a ilusão do tempo as separa.

NÃO OFERECER RESISTÊNCIA à vida é estar em estado de graça, de descanso e de luz. Nesse estado, nada depende de as coisas serem boas ou ruins.

É quase paradoxal, mas, como já não existe mais uma dependência interior quanto à forma, as circunstâncias gerais da sua vida, as formas externas, tendem a melhorar consideravelmente. As coisas, as pessoas ou as circunstâncias que você desejava para a sua felicidade vêm agora até você sem qualquer esforço, e você está livre para apreciá-las enquanto durarem.

Todas essas coisas naturalmente vão acabar, os ciclos virão e irão, mas com o desaparecimento da dependência não há mais medo de perdas. A vida flui com facilidade.

A felicidade que provém de alguma coisa secundária nunca é muito profunda. É apenas um pálido reflexo da alegria do Ser, da paz vibrante que encontramos dentro de nós ao entrarmos no estado de não resistência. O Ser nos transporta para além das polaridades opostas da mente e nos liberta da dependência da forma. Mesmo que tudo em volta desabe e fique em pedaços, você ainda sentirá uma profunda paz interior. Você pode não estar feliz, mas vai estar em paz.

UTILIZANDO E ABANDONANDO A NEGATIVIDADE

Toda resistência interior é vivenciada como uma negatividade. Toda negatividade é uma resistência. Nesse contexto, as duas palavras são quase sinônimas.

A negatividade vai de uma irritação ou impaciência a uma raiva furiosa, de um humor deprimido ou um ressentimento a um desespero suicida. Às vezes, a resistência faz disparar o sofrimento emocional, caso em que mesmo uma situação banal pode produzir uma negatividade intensa, como a raiva, a depressão ou um profundo pesar.

O ego acredita que, através da negatividade, pode manipular a realidade e conseguir o que deseja. Acredita que, através dela, pode atrair uma circunstância desejável ou dissolver uma indesejável.

A aceitação do Agora

Se "você" – a mente – não acreditou que a infelicidade funciona, por que a criaria? O fato é que essa negatividade não funciona. Em vez de atrair uma circunstância desejável, ela a interrompe ao nascer. Em vez de desfazer uma circunstância indesejável, ela a mantém no lugar. Sua única "utilidade" é que ela fortalece o ego, e essa é a razão pela qual ele a adora.

Uma vez que você tenha se identificado com alguma forma de negatividade, não vai querer que ela desapareça e, em um nível inconsciente mais profundo, não vai desejar uma mudança positiva. Ela iria ameaçar a sua identidade como uma pessoa depressiva, zangada ou difícil de lidar. Você então passa a ignorar, negar ou sabotar aquilo que é positivo em sua vida. É um fenômeno comum. E também doentio.

OBSERVE AS PLANTAS e os animais, aprenda com eles a aceitar aquilo que é e a se entregar ao Agora.
Deixe que eles lhe ensinem o que é Ser.
Deixe que eles lhe ensinem o que é integridade – estar em unidade, ser você mesmo, ser verdadeiro.
Aprenda como viver e como morrer, e como não fazer do viver e do morrer um problema.

As emoções negativas repetitivas podem, às vezes, conter uma mensagem, como ocorre com as doenças. Qualquer mudança que você faça, seja ela ligada ao seu trabalho, seus relacionamentos ou seu meio ambiente, é apenas uma máscara, a menos que se origine de uma mudança no seu nível de consciência. E, até onde isso interessa, só pode significar uma coisa: estar mais presente. Quando você já tiver alcançado um certo grau de presença, não precisará mais da negatividade para lhe dizer o que é necessário na sua situação de vida.

Mas, enquanto a negatividade estiver lá, utilize-a. Use-a como um tipo de sinalizador, um lembrete para estar mais presente.

SEMPRE QUE SENTIR a negatividade crescer dentro de você, causada ou não por um fator externo, um pensamento ou mesmo nada em particular, olhe para ela como se fosse uma voz dizendo: "Atenção. Aqui e Agora. Acorde. Largue a sua mente. Esteja presente."

Até mesmo a mais leve irritação é significativa e precisa ser conhecida e observada. Do contrário, haverá um aumento cumulativo de reações não observadas.

Você pode descartá-la assim que perceber que não quer ter esse campo de energia no seu interior e ele não tem nenhum objetivo. Mas certifique-se de que você se livrou completamente dela. Se não conseguir, simplesmente aceite que ela está ali e concentre a sua atenção no sentimento.

UMA ALTERNATIVA PARA descartar uma reação negativa é fazê-la desaparecer ao imaginar a si mesmo se tornando transparente para a causa externa da reação.

Recomendo que você pratique primeiro com as coisas do dia a dia. Vamos dizer que você esteja em casa. De repente, vindo da rua, começa a soar um alarme insistente de carro. Surge uma irritação. Qual é o objetivo dessa irritação? Nenhum até aqui. Por que você a criou? Você não a criou. Quem criou foi a mente. Ela teve uma reação totalmente automática, totalmente inconsciente.

Por que a mente a criou? Porque ela sustenta a crença inconsciente de que a resistência dela, que você absorve como alguma forma de negatividade ou infelicidade, vai dissolver a condição indesejada. Isso naturalmente é uma ilusão. A resistência que ela cria, nesse caso a irritação ou raiva, é muito mais desagradável do que a causa original que ela está tentando desfazer.

Tudo isso pode ser transformado em prática espiritual.

SINTA-SE FICANDO TRANSPARENTE, sem a solidez de um corpo material. Agora, permita que o barulho, ou o que estiver causando a emoção negativa, passe através de você. Ele não está mais golpeando uma "parede" sólida dentro de você.

Como disse, pratique primeiro com as coisas simples. O alarme do carro, o latido de um cachorro, o choro de uma criança, o barulho do tráfego. Em vez de ter uma parede de resistência dentro de você, que é atingida de modo constante e doloroso pelas coisas que "não deveriam estar acontecendo", deixe que tudo passe através de você.

Alguém diz alguma coisa grosseira para ferir você. Em vez de desencadear uma reação inconsciente e uma negatividade, como uma agressão, uma defesa ou um retraimento, você deixa isso passar através de você. Não ofereça resistência. É como se não existisse mais ninguém ali para ser machucado. Isso é perdão. Nesse sentido, você se torna invulnerável.

Pode dizer a essa pessoa que o comportamento dela é inaceitável, se você escolher fazer isso. Mas essa pessoa já não tem mais o poder de controlar o seu estado interior. Você passa a estar em seu poder – não mais em poder de alguém, nem sob o governo da mente. Quer seja um alarme de carro, uma pessoa grosseira, uma inundação, um terremoto ou a perda de todos os seus bens, o mecanismo de resistência é o mesmo.

Você ainda está procurando lá fora e não consegue escapar do modo de busca. Talvez o próximo seminário lhe traga a resposta, talvez aquela nova técnica. Diria a você:

NÃO BUSQUE A PAZ. Não busque nenhum outro estado além daquele em que você está agora, senão vai criar um conflito interno e uma resistência inconsciente.

Perdoe a si mesmo por não estar em paz. No momento em que você aceitar completamente a sua intranquilidade, ela se transformará em paz. Qualquer coisa que você aceite completamente vai levá-lo até lá, vai levar você até a paz. Esse é o milagre da entrega.

Quando aceitamos o que é, todo momento é o melhor. Isso é iluminação.

A NATUREZA DA COMPAIXÃO

TENDO ULTRAPASSADO AS FRONTEIRAS construídas pela mente, você passa a ser como um lago profundo. Sua situação de vida e o que acontece no mundo exterior são a superfície do lago, às vezes calmo, às vezes cheio de ondas por causa do vento, conforme os períodos e as estações. Lá no fundo, porém, o lago é sempre sereno. Você é esse lago por inteiro, não apenas a superfície, e está em contato com a sua própria profundidade, que permanece absolutamente serena.

Você não reage a uma mudança ao se apegar mentalmente a qualquer situação. A sua paz interior não depende dela. Você se fixa no Ser – imutável, eterno, imortal – e não é mais dependente da satisfação ou da felicidade do mundo exterior, das formas constantemente flutuantes. Você pode desfrutar delas, brincar com elas, criar novas formas, apreciar a beleza de todas. Mas não tem mais necessidade de se apegar a nenhuma delas.

Enquanto você não está consciente do Ser, a realidade dos outros seres humanos vai causar uma ilusão, porque você ainda não encontrou a sua realidade. A mente vai gostar ou não da forma, não só do corpo, mas também da mente deles. O verdadeiro relacionamento só é possível quando existe uma consciência do Ser.

A partir do Ser, você vai perceber o corpo e a mente da outra pessoa como se fosse uma tela, por trás da qual você pode sentir a verdadeira realidade deles, como você sente a sua. Assim, ao se confrontar com o sofrimento de outra pessoa ou com um comportamento inconsciente, você fica presente e em contato com o Ser e, desse modo, é capaz de olhar além da forma e sentir o Ser radiante e puro da outra pessoa.

No nível do Ser, todo sofrimento é visto como uma ilusão, uma consequência da identificação com a forma. Milagres de cura às vezes acontecem através dessa descoberta, através do despertar da consciência do Ser nos outros – se estiverem prontos.

A compaixão é a consciência de uma forte ligação entre você e todas as criaturas. Na próxima vez que disser "Não tenho nada em comum com essa pessoa", lembre-se de que você tem muitas coisas em comum. Daqui a alguns anos – dois ou setenta, não faz muita diferença –, os dois terão corpos apodrecidos, depois serão pó, depois nada restará. Isso é uma percepção humilde e sensata que não deixa muito espaço para o orgulho.

Isso é um pensamento negativo? Não, apenas um fato. Por que fechar os olhos para isso? Nesse sentido há uma completa igualdade entre você e todas as outras criaturas.

UMA DAS MAIS PODEROSAS práticas espirituais é meditar profundamente sobre a mortalidade das formas físicas, inclusive da sua. Isso se chama: morrer antes que você morra.

Vá fundo nisso. A sua forma física está se dissolvendo, é nada. Então surge um momento em que todas as formas mentais ou pensamentos também morrem. Mas você ainda está lá – a presença divina que você é: radiante, completamente consciente.

Nada que é real morre de verdade, somente os nomes, as formas e as ilusões.

Nesse nível profundo, a compaixão se torna um remédio no sentido mais amplo. Nesse estado, a sua influência curativa se baseia não no fazer mas no ser. Todas as pessoas com quem você mantiver contato serão tocadas pela sua presença e afetadas pela paz que você emana, quer elas estejam ou não conscientes disso.

Quando estiver inteiramente presente e as pessoas à sua volta tiverem um comportamento inconsciente, você não vai sentir necessidade de reagir. A sua paz será tão grande e profunda que tudo que não for paz desaparecerá nela, como se nunca tivesse existido. Isso quebra o ciclo cármico de ação e reação.

Os animais, as árvores, as flores vão sentir a sua paz e reagir a ela. Você ensinará através do ser, através da demonstração da paz de Deus.

Você passará a ser a "luz do mundo", uma emanação da pura consciência, e assim eliminará a causa do sofrimento. Você eliminará a inconsciência do mundo.

O SIGNIFICADO DA ENTREGA

A qualidade da sua consciência nesse momento é que vai determinar o tipo de futuro que você vai viver. Portanto, entregar-se é a coisa mais importante que você pode fazer para provocar uma mudança positiva. Qualquer outra coisa que você fizer será secundária. Nenhuma ação positiva pode surgir de um estado de consciência onde não existe entrega.

Para muitas pessoas, a entrega talvez tenha conotações negativas, como uma derrota, uma desistência, uma incapacidade de se reerguer das ciladas da vida, certa letargia, etc. A verdadeira entrega, entretanto, é algo completamente diferente. Não significa suportar passivamente uma situação qualquer que nos aconteça e não fazer nada a respeito, nem deixar de fazer planos ou de ter confiança para começar algo novo.

A ENTREGA É a sabedoria simples mas profunda de

nos submetermos e não de nos opormos ao fluxo da vida. O único lugar em que podemos sentir o fluxo da vida é no Agora. Isso significa que se entregar é aceitar o momento presente sem restrições e sem nenhuma reserva.

É abandonar a resistência interior àquilo que é.

A resistência interior acontece quando dizemos "não" para aquilo que é, através do nosso julgamento mental e de uma negatividade emocional. Isso se agrava especialmente quando as coisas "vão mal", o que significa que há um espaço entre as exigências ou expectativas rígidas da nossa mente e aquilo que é. Esse é o espaço do sofrimento.

Se você já tiver vivido bastante tempo, certamente saberá que as coisas "vão mal" com muita frequência. É precisamente nesses momentos que a entrega tem de ser praticada, caso queiramos eliminar o sofrimento e as mágoas da nossa vida. A aceitação daquilo que é nos liberta imediatamente da identificação com a mente e nos religa com o Ser. A resistência é a mente.

A entrega é um fenômeno puramente interior. Isso não quer dizer que não possamos fazer alguma coisa no campo exterior para mudar a situação.

Na verdade, não é a situação completa que temos de aceitar quando falo de entrega, mas apenas o segmento minúsculo chamado o Agora. Por exemplo, se você estiver atolado na lama, não tem que dizer: "Está bem, me conformo de estar atolado nessa lama." Resignação não quer dizer entrega.

VOCÊ NÃO PRECISA aceitar uma situação indesejável ou desagradável na sua vida. Nem precisa se iludir e dizer que não tem nada errado em estar atolado na lama. Nada disso. Você tem completa consciência de que deseja sair dali. Então reduz a sua atenção ao momento presente, sem atribuir a essa situação nenhum rótulo mental.

Isso significa que não existe nenhum julgamento do Agora. Em consequência, não existe nenhuma resistência, nenhuma negatividade emocional. Você aceita a "existência" do momento.

A seguir, toma uma atitude e faz tudo o que puder para sair da lama.

Chamo essa atitude de ação positiva. Funciona muito mais do que uma ação negativa, que decorre da raiva, do desespero ou da frustração. Até que alcance o resultado desejado, você continua a praticar a entrega ao se abster de rotular o Agora.

Vou fazer uma analogia visual para ilustrar o ponto que estou sustentando. Você está andando por uma estrada à noite, com uma neblina cerrada, mas possui uma lanterna potente que corta a neblina e cria um espaço estreito e nítido na sua frente. A neblina é a sua situação de vida, que inclui o passado e o futuro. A lanterna é a sua presença consciente, e o espaço nítido é o Agora.

Não se entregar endurece a forma psicológica, a casca do ego, e assim cria uma forte sensação de separação. O mundo e as pessoas à sua volta passam a ser vistos como ameaças. Surgem uma compulsão inconsciente para destruir os outros através do julgamento e uma necessidade de competir e dominar. Até mesmo a natureza vira sua inimiga, e o medo passa a governar a sua percepção e a interpretação das coisas. A doença mental conhecida como paranoia é apenas uma forma ligeiramente mais aguda desse estado normal, embora disfuncional, da consciência.

A resistência faz com que tanto a sua mente quanto o seu corpo fiquem mais pesados. A tensão se manifesta em diferentes partes do corpo, que se contrai para se defender. O fluxo de energia vital, essencial para o funcionamento saudável do corpo, fica prejudicado.

Algumas formas de terapia corporal podem ser úteis para restaurar esse fluxo, mas, a menos que você pratique a entrega na sua vida diária, essas coisas só podem lhe proporcionar um alívio temporário, porque a causa, o padrão de resistência, não foi ainda dissolvida.

Existe alguma coisa dentro de você que não é afetada pelas circunstâncias transitórias que constroem a sua situação de vida, e a que você só tem acesso através da entrega. Trata-se da sua vida, do seu próprio Ser, que existe no eterno domínio do presente.

SE A SUA SITUAÇÃO DE VIDA é insatisfatória ou mesmo intolerável, somente através da entrega você vai conseguir quebrar o padrão inconsciente de resistência, que permite a permanência dessa situação.

A entrega é perfeitamente compatível com tomar uma atitude, iniciar uma mudança ou atingir objetivos. Mas, no estado de entrega, uma energia totalmente diferente flui naquilo que fazemos. A entrega nos religa com a fonte de energia do Ser, e, se as nossas ações estiverem impregnadas com o Ser, elas se tornam uma alegre celebração da energia da vida, que nos aprofunda cada vez mais no Agora.

Através da não resistência, a qualidade da nossa consciência, e, portanto, a qualidade do que estivermos fazendo ou criando, aumenta sem medidas. Os resultados vão falar por si mesmos e refletir essa qualidade. Podemos chamar isso de "ação de entrega".

> **NO ESTADO DE ENTREGA,** você vê claramente o que precisa ser feito e parte para a ação, fazendo uma coisa de cada vez e se concentrando em uma coisa de cada vez.
>
> Aprenda com a natureza. Veja como todas as coisas se realizam e como o milagre da vida se desenrola sem insatisfação ou infelicidade.

É por isso que Jesus disse: "Olhai os lírios do campo, como eles crescem; não trabalham nem fiam."

> **SE A SUA SITUAÇÃO** geral é insatisfatória ou desagradável, separe esse instante e entregue-se ao que é. Eis aqui a lanterna cortando a neblina. O seu estado de consciência deixa então de ser controlado pelas

condições externas. Você não age mais a partir de uma resistência ou de uma reação.

Olhe então para uma situação específica e pergunte-se: "Existe alguma coisa que eu possa fazer para mudar essa situação, melhorá-la ou me retirar dela?" Se houver, você toma a atitude adequada.

Não se prenda às mil coisas que você vai ter que fazer em algum tempo futuro, mas à única coisa que você pode fazer agora. Isso não significa que você não deva traçar um plano. Planejar talvez seja a única coisa que você possa fazer agora. Mas certifique-se de que não vai começar a rodar "filmes mentais", se projetar no futuro e, assim, perder o Agora. Talvez a atitude que você tomar não dê frutos imediatamente. Até que ela dê, não resista ao que é.

SE NÃO HOUVER nada que possa fazer e você também não puder escapar da situação, use isso para poder ir mais fundo na entrega, mais fundo no Agora, mais fundo no Ser.

Quando você entra nessa eterna dimensão do presente, a mudança sempre acontece por caminhos estranhos, sem a necessidade de uma grande quantidade de atitudes da sua parte. A vida se torna proveitosa e cooperativa. Se fatores internos como o medo, a culpa ou a indolência impedem você de tomar uma atitude, eles vão se dissolver na luz da sua presença consciente.

Não confunda entrega com uma atitude do tipo "não ligo mais para nada". Essas atitudes estão cheias de negatividade na forma de um ressentimento oculto, portanto não se trata de entrega, mas de uma resistência disfarçada.

Ao se entregar, dirija a sua atenção para dentro a fim de verificar se existe algum traço de resistência que tenha ficado no seu interior. Fique bem alerta ao fazer isso, do contrário um resíduo de resistência pode ficar escondido em algum cantinho escuro, na forma de um pensamento ou de uma emoção desconhecida.

DA ENERGIA DA MENTE
PARA A ENERGIA ESPIRITUAL

COMECE POR ADMITIR que é resistência. Esteja lá quando a resistência aparecer. Observe de que modo a sua mente a cria, que nome dá à situação, a você mesmo ou aos outros. Observe o processo de pensamento envolvido. Sinta a energia da emoção.

Ao testemunhar a resistência, você vai verificar que ela não tem nenhum propósito. Ao focalizar toda a sua atenção no Agora, a resistência inconsciente passa a ser consciente, e isso é o fim dela.

Você não pode estar infeliz e consciente. Se há infelicidade, negatividade ou qualquer forma de sofrimento, significa que existe resistência, e a resistência é sempre inconsciente.

Você escolheria a infelicidade? Se não escolheu, como ela apareceu? Qual é o propósito dela? Quem a está mantendo viva?

Você diz que está consciente da sua infelicidade, mas a verdade é que você está identificado com ela e mantém vivo esse processo de identificação, através de um pensamento compulsivo. Tudo isso é inconsciência. Se você estivesse consciente, quer dizer, totalmente presente no Agora, toda a negatividade iria se dissolver quase instantaneamente. Ela não conseguiria sobreviver na sua presença. Porque só consegue sobreviver na sua ausência.

Nem mesmo o sofrimento consegue sobreviver muito tempo diante da presença. Você mantém a infelicidade viva quando dá tempo a ela. Esse é o sangue dela. Remova o tempo, concentrando uma percepção intensa no momento presente, e ela morre. Mas você quer mesmo que ela morra? Você já teve mesmo o bastante dela? Quem você seria sem ela?

Até que você pratique a entrega, a dimensão espiritual é algo a respeito do que você já leu, ouviu falar, escreveu, pensou, acreditou ou não. Não faz diferença.

NÃO ATÉ QUE a entrega se torne uma realidade em sua vida.

No momento da entrega, a energia que você desprende e que passa a governar sua vida é de uma frequência vibracional muito maior do que a energia da mente, que ainda governa o nosso mundo.

Através da entrega, a energia espiritual penetra nesse mundo. Ela não gera sofrimento para você, para outros seres humanos ou para qualquer outra forma de vida no planeta.

A ENTREGA NOS RELACIONAMENTOS PESSOAIS

Somente alguém inconsciente vai tentar usar ou manipular os outros, mas a verdade é que somente as pessoas inconscientes podem ser usadas e manipuladas. Se você reage ou se opõe ao comportamento inconsciente dos outros, também fica inconsciente.

Porém, a entrega não significa uma permissão para que pessoas inconscientes usem você. De jeito nenhum. É possível dizer "não" de modo firme e claro para alguém e, ao mesmo tempo, permanecer em um estado de não resistência interior.

AO DIZER "NÃO" a uma pessoa ou situação, você não deve reagir, mas agir de acordo com um insight, uma firme convicção do que é certo ou errado para você naquele momento.

Permita que isso seja um "não" sem reação, um

"não" de alta qualidade, um "não" livre de toda a negatividade e, desse modo, não gere mais sofrimento.

Se você não consegue se entregar, aja imediatamente. Fale ou faça alguma coisa para provocar uma mudança na situação, ou se afaste dela. Seja responsável pela sua vida.

Não polua o seu lindo e radiante Ser interior, nem a Terra, com negatividade. Não transmita infelicidade, nem deixe que ela crie um lugar dentro de você.

SE VOCÊ NÃO puder tomar uma atitude – se você estiver na prisão, por exemplo –, então só lhe restam duas opções: resistir ou se entregar. A escravidão ou a liberdade interior, do ponto de vista das condições exteriores. O sofrimento ou a paz interior.

Seus relacionamentos vão mudar profundamente através da entrega. Se você nunca consegue aceitar o que é, consequentemente não é capaz de aceitar qualquer pessoa do jeito que ela é. Você está sempre julgando, criticando, rotulando, rejeitando ou tentando mudar as pessoas.

Além disso, se continuar a transformar o Agora em um meio para atingir um fim no futuro, também vai considerar as pessoas com quem se relaciona como um meio para atingir um objetivo. O relacionamento, o ser humano, passa então a ter uma importância secundária para você, ou mesmo nenhuma importância. O que vale é o que você consegue extrair do relacionamento: um ganho material, uma sensação de poder, um prazer físico ou alguma forma de gratificação do ego.

Deixe-me ilustrar como a entrega pode agir nos relacionamentos.

QUANDO SE ENVOLVER em uma discussão ou um conflito com um sócio, ou um amigo, observe como você se coloca na defensiva quando a sua própria posição é atacada, ou sinta a potência da sua própria agressão ao atacar a posição da outra pessoa.

Observe o apego aos seus pontos de vista e opiniões. Sinta a energia mental e emocional por trás da sua necessidade de ter razão e de mostrar à outra pessoa que ela está errada. Essa é a energia da mente egoica. Você a torna consciente ao reconhecê-la, ao senti-la o mais completamente possível.

De repente, no meio de uma discussão, você descobre que pode fazer uma escolha e resolve abdicar da sua própria reação, só para ver o que acontece. Você se entrega.

Não quero dizer abrir mão da sua reação verbalmente dizendo "está bem, você tem razão", com um ar no rosto que diz "estou acima de toda essa inconsciência infantil". Isso é apenas deslocar a resistência para um outro nível, com a mente ainda no comando, considerando-se superior. Estou falando de abandonar todo o campo de energia mental e emocional que estava disputando o poder dentro de você.

A aceitação do Agora

O ego é esperto, portanto você tem de estar alerta, presente, e ser 100 por cento honesto consigo mesmo para verificar se abandonou realmente sua identificação com uma posição mental e se libertou, assim, da sua mente.

SE VOCÊ SE SENTIR LEVE, livre e profundamente em paz, é sinal de que você se entregou completamente. Observe então o que acontece à posição mental da outra pessoa, já que você não mais a energiza ao oferecer uma resistência. Quando abrimos mão da identificação com as nossas posições mentais, começa a verdadeira comunicação.

Não resistência não significa necessariamente não fazer nada. Significa que qualquer "fazer" se torna não reação. Lembre-se da profunda sabedoria implícita na prática das artes marciais orientais: não ofereça resistência à força opositora. Submeta-se para superá-la.

Tendo estabelecido isso, "não fazer nada" quando estamos em um estado de intensa presença é um poderoso transformador e curador de situações e de pessoas.

É radicalmente diferente da inatividade, no estado comum da consciência, ou melhor, da inconsciência, que tem raízes no medo, na indolência ou na indecisão. O verdadeiro "fazer nada" implica uma não resistência interior e um intenso estado de alerta.

Por outro lado, caso haja necessidade de ação, você não vai mais reagir a partir da sua mente condicionada, mas vai responder a uma situação com a sua presença consciente. Nesse estado, a mente é livre de conceitos, incluindo o conceito da não violência. Então, quem pode prever o que você vai fazer?

O ego acredita que a nossa força reside em nossa resistência, quando, na verdade, a resistência nos separa do Ser, o único lugar de força verdadeira. A resistência é a fraqueza e o medo disfarçados de força. O que o ego vê como fraqueza é o Ser em sua pureza, inocência e poder. O que ele vê como força é fraqueza. Assim, o ego existe num modo contínuo de resistência e desempenha papéis falsos para encobrir a "fraqueza", que, na verdade, é o nosso poder.

Até que haja a entrega, a representação inconsciente de determinados papéis se constitui em grande parte da interação humana. Na entrega, não mais precisamos das defesas do ego e das falsas máscaras. Passamos a ser muito simples, muito reais. "Isso é perigoso", diz o ego. "Você vai se machucar. Vai ficar vulnerável."

O ego não sabe, é claro, que somente quando deixamos de resistir, quando nos tornamos "vulneráveis", é que podemos descobrir a nossa verdadeira e fundamental invulnerabilidade.

capítulo nove

TRANSFORMANDO A DOENÇA E O SOFRIMENTO

༄

TRANSFORMANDO A DOENÇA EM ILUMINAÇÃO

A entrega é a aceitação interior daquilo que é, sem nenhuma condição. Estamos falando sobre a sua vida, neste momento, e não sobre as condições ou circunstâncias da sua vida, não daquilo que eu chamo situação de vida.

As doenças fazem parte da nossa situação de vida. Assim, possuem um passado e um futuro. O passado e o futuro formam um contínuo sem interrupção, a menos que o poder redentor do Agora seja ativado através da nossa presença consciente. Como você sabe, por baixo das várias condições que constituem a nossa situação de vida, que existe no tempo, há uma coisa mais profunda, mais essencial: a sua Vida, o seu próprio Ser dentro do eterno Agora.

Como não existem problemas no Agora, as doenças também não existem. Acreditar em um rótulo que alguém confere às nossas condições fortalece-as e constrói uma realidade aparentemente sólida em torno de um desequilíbrio temporário. Isso não só confere realidade e solidez, mas também uma continuidade no tempo que não havia antes.

AO SE CONCENTRAR neste instante e evitar rotular a doença mentalmente, ela se reduz a um dos seguintes fatores: sofrimento físico, fraqueza, desconforto ou invalidez. É a isso que você se entrega, agora. Você não se entrega à ideia da "doença".

Deixe o sofrimento trazer você para o momento presente, para um estado de presença intensa consciente. Use-o para a iluminação.

A entrega não transforma aquilo que é, ao menos não diretamente. A entrega transforma você. Quando você estiver transformado, todo o seu mundo fica transformado, porque o mundo é somente um reflexo.

A doença não é o problema. Você é o problema, enquanto a mente estiver no controle.

QUANDO VOCÊ ESTIVER doente ou incapacitado, não sinta que fracassou de alguma forma, não sinta culpa de nada. Não culpe a vida por tratar você tão mal, mas também não se culpe de nada. Tudo isso é resistência.

Se você tem uma doença grave, use-a para alcançar a iluminação. Use qualquer coisa "ruim" que acontecer na sua vida para alcançar a iluminação.

Retire o tempo da doença. Não dê a ela nenhum passado ou futuro. Deixe-a forçar você para a percepção intensa do momento presente. E veja o que acontece.

Torne-se um alquimista. Transforme o metal em ouro, o sofrimento em consciência, a infelicidade em iluminação.

Você está gravemente doente e sentindo raiva do que acabei de dizer? Então esse é um sinal claro de que a doença se tornou parte do seu sentido de eu interior e de que, neste momento, você está protegendo a sua identidade e também protegendo a doença.

A circunstância que foi rotulada de "doença" não tem nada a ver com quem você realmente é.

Sempre que acontecer uma desgraça ou alguma coisa de ruim na sua vida – uma doença, a perda da casa, do patrimônio ou de uma posição social, o rompimento de um relacionamento amoroso, a morte ou o sofrimento por alguém, ou a proximidade da sua própria morte –, saiba que existe um outro lado e que você está a apenas um passo de distância de algo inacreditável: uma completa transformação alquímica da base de metal da dor e do sofrimento em ouro. Esse passo simples é chamado de entrega.

Não estou querendo dizer que você vai ficar feliz em uma situação dessas. Não vai. Mas o medo e o sofrimento vão se transformar em uma paz interior e uma serenidade que vêm de um lugar muito profundo, do próprio Não Manifesto. Essa é a "paz de Deus, que ultrapassa todo o entendimento". Comparada a isso, a felicidade é quase uma coisa superficial.

Com essa paz radiante, vem a percepção – não no nível da mente, mas dentro das profundezas do seu Ser – de que você é indestrutível, imortal. Isso não é uma crença. É uma certeza absoluta, que não precisa de uma manifestação exterior nem de qualquer prova.

TRANSFORMANDO O SOFRIMENTO EM PAZ

Em situações extremas, pode ser impossível aceitar o Agora, mas sempre temos uma segunda chance na entrega.

NOSSA PRIMEIRA CHANCE é nos entregarmos, a cada instante, à realidade do momento. Sabendo que aquilo que é não pode ser desfeito – porque já é –, dizemos sim àquilo que é ou aceitamos o que não é.

Então fazemos o que tem de ser feito, o que quer que a situação exija.

Se nos submetemos a esse estado de aceitação, deixamos de criar negatividade, sofrimento ou infelicidade. Passamos a viver em um estado de não resistência, um estado de graça e de luz, livre das disputas.

Sempre que você for incapaz de realizar isso, sempre que perder essa oportunidade, seja porque não está gerando uma presença consciente o bastante para evitar o surgimento do padrão de resistência habitual, seja porque as circunstâncias são tão extremas que são completamente inaceitáveis, você está criando alguma forma de dor, alguma forma de sofrimento.

Pode parecer que é a situação que está causando o sofrimento, mas não é bem assim: a responsável é a sua resistência.

AQUI ESTÁ A SUA SEGUNDA CHANCE de entrega: se você não consegue aceitar o que está lá fora, aceite então o que está dentro.

Isso quer dizer: não resista ao sofrimento. Permita que ele esteja ali. Entregue-se ao pesar, ao desespero, ao medo, à solidão, ou a qualquer forma que o sofrimento assuma. Abrace o sofrimento.

Veja, então, como o milagre da entrega transforma o sofrimento profundo em uma paz profunda. Essa é a sua crucificação. Permita que ela seja a sua ressurreição e ascensão ao céu.

Quando a sua dor é profunda, tudo o que se disser a respeito de entrega vai, provavelmente, lhe parecer superficial e sem sentido. Quando o seu sofrimento é profundo, você provavelmente tem um grande anseio de escapar e de não se entregar a ele. Você não quer sentir o que está sentindo. O que pode ser mais normal? Mas não tem escapatória, nenhuma saída.

Existem algumas pseudossaídas como o trabalho, a bebida, as drogas, a raiva, as projeções, as abstenções, etc., mas elas não libertam você do sofrimento. O sofrimento não diminui de intensidade quando você o torna inconsciente. Quando você nega o sofrimento emocional, tudo o que você faz ou pensa fica contaminado por ele. Você o irradia, por assim dizer, como a energia que se desprende de você, e outros vão captá-lo subliminarmente.

Se essas pessoas estiverem inconscientes, podem até se ver compelidas a agredir ou machucar você de alguma forma, ou você pode machucá-las em uma projeção inconsciente do seu sofrimento. Você atrai e transmite aquilo que corresponde ao seu estado interior.

QUANDO NÃO EXISTE CAMINHO para fora, existe sempre um caminho através. Portanto, não fuja do sofrimento. Enfrente-o. Sinta-o plenamente. Sinta-o, mas não pense a respeito dele! Fale dele, se necessário, mas não crie uma história na sua mente a respeito dele. Dê toda a sua atenção ao sofrimento, não à pessoa ou ao acontecimento que podem tê-lo provocado.

Não permita que a mente use o sofrimento para criar uma identidade de vítima para você em função dele. Sentir pena de si mesmo e contar a sua história aos outros vai fazer com que você fique paralisado no sofrimento.

Se for impossível se afastar desse sentimento, a única possibilidade de mudança é se mover em direção a ele, do contrário nada vai mudar.

Portanto, dê a sua completa atenção ao que você sente e evite dar um nome a isso mentalmente. Ao se dirigir para o sentimento, fique intensamente alerta.

No princípio, pode parecer um lugar escuro e aterrador, e, quando vier o impulso para se afastar, observe-o, mas não se deixe guiar por ele. Permaneça colocando a sua atenção no sofrimento, permaneça sentindo o pesar, o medo, o pavor, a solidão, o que for.

Fique alerta, fique presente, com todo o seu Ser, com cada célula do seu corpo. Ao fazer isso, você está trazendo uma luz para a escuridão. É a chama da sua consciência.

Nesse ponto, você não precisa mais se preocupar com a entrega. Ela já aconteceu. Como? A atenção completa é a aceitação completa, é entrega. Ao dar atenção completa, você está usando o poder do Agora, que é o poder da sua presença.

Nenhum indício de resistência consegue sobreviver nele. A presença remove o tempo. Sem o tempo, nenhum sofrimento e nenhuma negatividade conseguem sobreviver.

A ACEITAÇÃO DO sofrimento é uma viagem em direção à morte. Encarar o sofrimento profundo, permitindo que ele exista, colocando a sua atenção sobre ele, é entrar na morte conscientemente. Quando tiver morrido essa morte, você perceberá que não existe morte e que não há nada a temer. Só quem morre é o ego.

Imagine um raio de sol que se esqueceu de que é uma parte inseparável do Sol, acredita que precisa lutar pela sobrevivência e, assim, cria e se apega a uma outra identidade diferente da do Sol. Será que a morte dessa ilusão não seria incrivelmente libertadora?

VOCÊ QUER TER uma morte fácil? Prefere morrer sem sofrimento, sem agonia? Então, morra para o passado a cada instante e permita que a luz da sua presença apague o pesado e limitado "eu" que você pensou que era "você".

O CAMINHO DA CRUZ – A ILUMINAÇÃO ATRAVÉS DO SOFRIMENTO

O caminho da cruz é o velho caminho para a iluminação, e até recentemente era o único caminho. Mas não o rejeite nem subestime sua eficácia. Ele ainda funciona.

O caminho da cruz é uma inversão completa. Significa que a pior coisa na sua vida, a sua cruz, se transforma na melhor coisa que já aconteceu, ao forçar você para a entrega, para a "morte", ao forçar você a se tornar nada, a se tornar como Deus, porque Deus também é coisa nenhuma.

A iluminação através do sofrimento, o caminho da cruz, significa ser levado para o reino dos céus, esperneando e gritando. Você finalmente se entrega porque já não suporta mais sofrer, embora o sofrimento possa durar um tempo até que isso aconteça.

A ILUMINAÇÃO ESCOLHIDA conscientemente significa abandonar nossos apegos ao passado e ao futuro e fazer do Agora o ponto principal da nossa vida.

Significa escolher permanecer no estado de presença e não no tempo.

Significa dizer sim àquilo que é.

Você já não precisa mais sofrer.

De quanto tempo você precisa para ser capaz de dizer: "Não vou mais criar dores, nem sofrimentos"? Quanto você ainda tem de sofrer antes de fazer essa escolha?

Se você pensa que precisa de mais tempo, você terá mais tempo – e mais sofrimento. O tempo e o sofrimento são inseparáveis.

O PODER DE ESCOLHER

Uma escolha sugere uma consciência, um alto grau de consciência. Sem ela, não há escolha. A escolha começa no instante em que nos desidentificamos da mente e de seus padrões condicionados, o instante em que nos tornamos presentes.

Até alcançar esse ponto, você está inconsciente, espiritualmente falando. Significa que você foi obrigado a pensar, sentir e agir de determinadas maneiras, de acordo com o condicionamento da sua mente.

Ninguém escolhe o problema, a briga, o sofrimento. Ninguém escolhe a doença. Eles acontecem porque não existe presença suficiente para dissolver o passado, ou luz suficiente para dispersar a escuridão. Você não está aqui por inteiro. Você ainda não acordou. Nesse meio tempo, a mente condicionada está governando a sua vida.

Do mesmo modo, se você é uma das inúmeras pessoas que têm assuntos mal resolvidos com os pais, se ainda guarda ressentimentos por alguma coisa que eles fizeram ou deixaram de fazer, então você ainda acredita que eles tiveram uma escolha e poderiam ter agido diferentemente. Sempre parece que as pessoas fizeram uma escolha, mas isso é ilusão. Enquanto a sua mente, com os seus padrões de condicionamento, dirigir a sua vida, enquanto você for a sua mente, que escolhas você tem? Nenhuma. Você não está nem ligando. O estado identificado com a mente é altamente defeituoso. É uma forma de insanidade.

Quase todas as pessoas estão sofrendo dessa doença em vários graus. No momento em que você perceber isso, não haverá mais ressentimento. Como você pode se ressentir com a doença de alguém? A única resposta adequada é compaixão.

Se você é governado pela mente, embora não tenha escolha, vai sofrer as consequências da sua inconsciência e criar mais sofrimento. Você vai carregar o fardo do medo, das disputas, dos problemas e do sofrimento. Até que o sofrimento force você, no final, a sair do seu estado de inconsciência.

NÃO PODEMOS PERDOAR a nós mesmos ou aos outros enquanto extrairmos do passado o nosso sentido do eu interior. Somente acessando o poder do Agora, que é o seu próprio poder, pode haver um verdadeiro perdão. Isso tira a força do passado e você percebe, profundamente, que nada que você fez ou que os outros lhe fizeram poderia atingir, nem de leve, a radiante essência de quem você é.

Quando nos rendemos àquilo que é e assim ficamos inteiramente presentes, o passado deixa de ter qualquer força. Não precisamos mais dele. A presença é a chave. O Agora é a chave.

Como a resistência é inseparável da mente, o abandono da resistência – a entrega – é o fim da atuação dominadora da mente, do impostor fingindo ser "você", o falso deus. Todo o julgamento e toda a negatividade se dissolvem.

A região do Ser, que tinha sido encoberta pela mente, se abre.

De repente, surge uma grande serenidade dentro de você, uma imensa sensação de paz.

E, dentro dessa paz, existe uma grande alegria.

E, dentro dessa alegria, existe amor.

E lá no fundo está o sagrado, o incomensurável, o que não pode ser nomeado.

FONTES DE CONSULTA RECOMENDADAS

O Poder do Agora, de Eckhart Tolle (Sextante, 2002).

Freeing Yourself from Your Identification with Your Mind. Um vídeo de Eckhart Tolle (Namaste Publishing, 2001).

As You Think, de James Allen (New World Library, 1998). Um clássico sobre transformação.

The Bhagavad Gita: A Walkthrough for Westerns, de Jack Hawley (New World Library, 2001). O livro clássico da espiritualidade, tão poderoso e atual como *O Poder do Agora*.

A Visualização Criativa Pode Mudar a Sua Vida, de Shakti Gawain (Sextante, 2002). Outro clássico que já mostrou a milhões de pessoas como melhorar suas vidas e o mundo.

As Sete Leis Espirituais do Sucesso, de Deepak Chopra (Best Seller, 1996). Um trabalho brilhante, simples, mas poderoso.

CONHEÇA OUTROS TÍTULOS DO AUTOR

O Poder do Agora

Nós passamos a maior parte de nossas vidas pensando no passado e fazendo planos para o futuro. Ignoramos ou negamos o presente e adiamos nossas conquistas para algum dia distante, quando conseguiremos tudo o que desejamos e seremos, finalmente, felizes.

Mas, se queremos realmente mudar nossas vidas, precisamos começar neste momento. Essa é mensagem simples, mas transformadora de Eckhart Tolle: viver no Agora é o melhor caminho para a felicidade e a iluminação.

Combinando conceitos do cristianismo, do budismo, do hinduísmo, do taoísmo e de outras tradições espirituais, Tolle elaborou um guia de grande eficiência para a descoberta do nosso potencial interior.

Este livro é um manual prático que nos ensina a tomar consciência dos pensamentos e emoções que nos impedem de vivenciar plenamente a alegria e a paz que estão dentro de nós mesmos.

O Poder do Silêncio

Um dos maiores fenômenos da literatura espiritual dos últimos tempos, Eckhart Tolle, autor de *O Poder do Agora*, nos mostra a importância de silenciar os pensamentos e reencontrar nossa sabedoria interior para viver mais intensamente o momento atual.

O silêncio e a calma não são apenas a ausência de barulho e de conteúdo. São a dimensão mais profunda do nosso ser, a inteligência primordial, a consciência de que só podemos ser felizes Agora.

O poder transformador do silêncio está em nos libertar de nossos pensamentos, medos e desejos, dissipando as tensões do passado e as expectativas em relação ao futuro. Só no presente podemos descobrir quem realmente somos, alcançando assim a paz e a alegria que estão dentro de nós.

Neste livro, seguindo a tradição dos sutras indianos, Tolle optou por transmitir seus ensinamentos espirituais em forma de aforismos. São 200 textos curtos e inspiradores que abordam diversos temas, entre eles, o Agora, os relacionamentos, a morte e a eternidade.

Um novo mundo
– O despertar de uma nova consciência

Mais do que em qualquer outra época de sua história, a humanidade tem hoje a chance de criar um mundo novo – mais evoluído espiritualmente, mais pleno de amor e sanidade. Para Eckhart Tolle, autor de *O Poder do Agora*, clássico da literatura espiritual, estamos vivendo um momento único e maravilhoso: o do despertar de uma nova consciência.

Ele nos mostra que o salto para essa nova realidade depende de uma mudança interna radical em cada um de nós. Precisamos nos livrar do controle do ego, pois essa é a fonte de todo o sofrimento humano. Sob seu domínio, somos incapazes de ver a dor que infligimos a nós mesmos e aos outros.

No momento em que despertamos, o pensamento perde a ascendência sobre nós e se torna o servo da consciência, que é a ligação com a inteligência universal, a fonte da vida da qual todos nós procedemos.

Enquanto desvenda a natureza dessa mudança de consciência, Tolle nos ensina a vencer as artimanhas que o ego utiliza para nos isolar uns dos outros. De forma inspiradora e surpreendente, ele nos ajuda a descobrir o nosso verdadeiro eu, a essência humana genuína que nos permitirá construir o novo mundo e viver em harmonia com tudo o que existe.

CONHEÇA OUTROS TÍTULOS DA EDITORA SEXTANTE

Atenção plena
Mark Williams e Danny Penman

Com 300 mil exemplares vendidos, este livro e o CD de meditações que o acompanha apresentam uma série de práticas simples para expandir sua consciência e quebrar o ciclo de ansiedade, estresse, infelicidade e exaustão.

Recomendado pelo Instituto Nacional de Excelência Clínica do Reino Unido, este método ajuda a trazer alegria e tranquilidade para sua vida, permitindo que você enfrente seus desafios com uma coragem renovada.

Mais do que uma técnica de meditação, a atenção plena (ou mindfulness) é um estilo de vida que consiste em estar aberto à experiência presente, observando seus pensamentos sem julgamentos, críticas ou elucubrações.

Ao tomar consciência daquilo que sente, você se torna capaz de identificar sentimentos nocivos antes que eles ganhem força e desencadeiem um fluxo de emoções negativas – que é o que faz você se sentir estressado, irritado e frustrado.

Este livro apresenta um curso de oito semanas com exercícios e meditações diárias que vão ajudá-lo a se libertar das pressões cotidianas, a se tornar mais compassivo consigo mesmo e a lidar com as dificuldades de forma mais tranquila e ponderada.

Você descobrirá que a sensação de calma, liberdade e contentamento que tanto procura está sempre à sua disposição – a apenas uma respiração de distância.

Atenção plena para iniciantes
Jon Kabat-Zinn

Pioneiro em demonstrar os benefícios da atenção plena na terapia de redução do estresse, Jon Kabat-Zinn convida você a transformar a maneira como se relaciona com seus pensamentos e sentimentos, acalmando o barulho interno e despertando para o momento presente.

Neste livro, o autor oferece instruções, respostas e reflexões tanto para quem já conhece as técnicas quanto para quem está começando a trilhar esse caminho. Ele ensina:

- O valor de trazer a atenção ao corpo e aos sentidos
- Como nos libertarmos da tirania dos pensamentos
- Como ver além da narrativa que a nossa mente conta
- Como estabilizar a atenção em meio às atividades do dia a dia
- Quais são os três principais fatores mentais que causam sofrimento
- Como usar a meditação para enfrentar o estresse, a dor e as doenças.

As coisas que você só vê quando desacelera
Haemin Sunim

De tempos em tempos, surge um livro que, com sua maneira original de iluminar importantes temas espirituais, se torna um fenômeno tão grande em seu país de origem que acaba chamando a atenção e encantando leitores de todo o mundo.

Escrito pelo mestre zen-budista sul-coreano Haemin Sunim, *As coisas que você só vê quando desacelera* é um desses raros e tão necessários livros para quem deseja tranquilizar os pensamentos e cultivar a calma e a autocompaixão.

Ilustrado com extrema delicadeza, ele nos ajuda a entender nossos relacionamentos, nosso trabalho, nossas aspirações e nossa espiritualidade sob um novo prisma, revelando como a prática da atenção plena pode transformar nosso modo de ser e de lidar com tudo o que fazemos.

Você vai descobrir que a forma como percebemos o mundo é um reflexo do que se passa em nossa mente. Quando nossa mente está alegre e compassiva, o mundo também está. Quando ela está repleta de pensamentos negativos, o mundo parece sombrio. E quando nossa mente descansa, o mundo faz o mesmo.

CONHEÇA ALGUNS DESTAQUES DE NOSSO CATÁLOGO

- Augusto Cury: Você é insubstituível (2,8 milhões de livros vendidos), Nunca desista de seus sonhos (2,7 milhões de livros vendidos) e O médico da emoção
- Dale Carnegie: Como fazer amigos e influenciar pessoas (16 milhões de livros vendidos) e Como evitar preocupações e começar a viver
- Brené Brown: A coragem de ser imperfeito – Como aceitar a própria vulnerabilidade e vencer a vergonha (600 mil livros vendidos)
- T. Harv Eker: Os segredos da mente milionária (2 milhões de livros vendidos)
- Gustavo Cerbasi: Casais inteligentes enriquecem juntos (1,2 milhão de livros vendidos) e Como organizar sua vida financeira
- Greg McKeown: Essencialismo – A disciplinada busca por menos (400 mil livros vendidos) e Sem esforço – Torne mais fácil o que é mais importante
- Haemin Sunim: As coisas que você só vê quando desacelera (450 mil livros vendidos) e Amor pelas coisas imperfeitas
- Ana Claudia Quintana Arantes: A morte é um dia que vale a pena viver (400 mil livros vendidos) e Pra vida toda valer a pena viver
- Ichiro Kishimi e Fumitake Koga: A coragem de não agradar – Como se libertar da opinião dos outros (200 mil livros vendidos)
- Simon Sinek: Comece pelo porquê (200 mil livros vendidos) e O jogo infinito
- Robert B. Cialdini: As armas da persuasão (350 mil livros vendidos)
- Eckhart Tolle: O poder do agora (1,2 milhão de livros vendidos)
- Edith Eva Eger: A bailarina de Auschwitz (600 mil livros vendidos)
- Cristina Núñez Pereira e Rafael R. Valcárcel: Emocionário – Um guia lúdico para lidar com as emoções (800 mil livros vendidos)
- Nizan Guanaes e Arthur Guerra: Você aguenta ser feliz? – Como cuidar da saúde mental e física para ter qualidade de vida
- Suhas Kshirsagar: Mude seus horários, mude sua vida – Como usar o relógio biológico para perder peso, reduzir o estresse e ter mais saúde e energia

CONHEÇA OS LIVROS DE ECKHART TOLLE

Um novo mundo: o despertar de uma nova consciência

O Poder do Agora

Praticando o Poder do Agora

O Poder do Silêncio

O Poder do Agora – Reflexões

Para saber mais sobre os títulos e autores da Editora Sextante,
visite o nosso site e siga as nossas redes sociais.
Além de informações sobre os próximos lançamentos,
você terá acesso a conteúdos exclusivos
e poderá participar de promoções e sorteios.

sextante.com.br